天津市省部级科研平台能力提升项目(2024KJ03)

天津市哲学社科项目（W161012）

消费者视角的 在线零售商 企业社会责任研究

赵春妮◎著

中国铁道出版社有限公司

CHINA RAILWAY PUBLISHING HOUSE CO., LTD.

图书在版编目(CIP)数据

消费者视角的在线零售商企业社会责任研究 / 赵春妮
著. – 北京：中国铁道出版社有限公司，2025.1.
ISBN 978-7-113-31505-4

Ⅰ．F713.32

中国国家版本馆 CIP 数据核字第 20243AP304 号

书　　名：消费者视角的在线零售商企业社会责任研究
　　　　　XIAOFEIZHE SHIJIAO DE ZAIXIAN LINGSHOUSHANG QIYE SHEHUI ZEREN YANJIU
作　　者：赵春妮

责任编辑：奚　源　　　　　　　　编辑部电话：(010) 51873005
封面设计：宿　萌
责任校对：刘　畅
责任印制：赵星辰

出版发行：中国铁道出版社有限公司（100054，北京市西城区右安门西街 8 号）
网　　址：https://www.tdpress.com
印　　刷：北京铭成印刷有限公司
版　　次：2025 年 1 月第 1 版　　2025 年 1 月第 1 次印刷
开　　本：710 mm×1 000 mm 1/16　印张：14.5　字数：186 千
书　　号：ISBN 978-7-113-31505-4
定　　价：69.80 元

前　言

近二十年，中国在线零售行业得到了蓬勃发展，平均年增长率超过20％。但伴随着行业的快速发展，在线零售商的各种企业社会责任问题频出。也有一些在线零售商期待通过参与企业社会责任活动提升企业的形象和绩效，但盲目地发起企业社会责任活动，往往斥资巨大却收效甚微。

消费者是企业在市场中面对的最重要的利益相关者，也是企业在市场竞争中最应该关注的群体。消费者视角的企业社会责任与企业视角的企业社会责任在内涵上有哪些不同？消费者如何看待在线零售商对企业社会责任的承担？消费者最关注的在线零售商企业社会责任活动是什么？消费者对不同企业社会责任策略的态度和行为响应有何差异？相同的企业社会责任策略在不同消费者群组中会有何种响应差异？

为回答上述问题，提高在线零售商企业社会责任策略的效果，本书从消费者的视角探讨了在线零售商企业社会责任的相关问题。在理论分析的基础上，本书建立了基于消费者的在线零售商企业社会责任模型，并通过问卷调查的方法确定了基于消费者的在线零售商企业社会责任维度，再通过实验法进一步研究了在线零售商企业社会责任内容和企业社会责任沟通对消费者企业社会责任响应的影响。同时，为得到更具针对性的结论，本书还在实验中考虑了消费者调节定向的调节作用。

首先，本书在企业社会责任相关理论和消费者行为相关理论梳理的基础上，提出了基于消费者的在线零售商企业社会责任模型。基于消费者的在线零售商企业社会责任模型应包含基于消费者的在线零售商企业社会责任维度划分、企业社会责任内容选择、企业社会责任沟通选择及消费者的企业社会责任响应四个主要方面，在线零售商应全面有序地进行企业社会责任活动。

其次，本书根据 619 份调查问卷，借助主成分分析法进行探索性因子分析，借助结构方程法进行验证性因子分析，将基于消费者的在线零售商企业社会责任维度划分为三个方面：企业外部责任、企业内部责任和消费者责任。这三个因子分别代表了消费者对在线零售商应承担的企业社会责任内容的要求。这三个方面包含的企业社会责任内容也对在线零售商提出了更具体的与在线零售行业有关的要求。依据三个维度，本书还对消费者进行聚类，找到了四类不同的消费群组，分别是仅关心除企业内部责任以外责任活动的外部责任关注者；对这三类企业社会责任内容均关注的全面责任关注者；仅关注消费者责任的利己责任关注者；对所有的企业社会责任信息均不关注的责任淡漠者。在主成分分析的基础上，本书得出了基于消费者的在线零售商企业社会责任量表评价指标的权重系数，完善了基于消费者的在线零售商企业社会责任表现评价。

最后，通过 320 人和 300 人参与的两个情境实验，综合运用了单因素方差分析、双因素方差分析，以及分层回归分析等数据分析工具，研究了在线零售商企业社会责任内容和企业社会责任沟通。在实验一，通过操控实验材料分别研究了在线零售商企业社会责任内容类型与内容匹配度对消费者企业社会责任响应的差异化影响。实验结果显示制度型的在线零售商企业社会责任活动内容比促销型的在线零售商企业社会责任活动内容能够带来更高的在线零售商企业社会责任表现。高匹配度的在线零售商企业社会责任内容能显著提升在线零售商企业社会责任表现和消费者的购买意愿。在实验二，通过操控实验材料分别研究了在线零售商企业社会责任沟通信息类型与企业社会责任沟通渠道类型对消费者企业社会责任响应的差异化影响。实验结果显示，在在线零售商企业社会责任沟通信息类型与企业社会责任沟通渠道类型之间存在显著的交互作用，共同对消费者的企业社会责任响应产生影响。当在线零售商选择在不可控渠道上发布在线零售商的企业社会责任信息时,安全性在线零售商企业社会责任沟通信息比效益性在线零售商企业社会责任沟通信息更能促进消费者产生正向的企业社会责任响应。而当在线零售商选择在可控渠道发布企业社会责任沟通信息时,效益性的企业社会责任沟通信息比安全性的企业社会责任沟通信息更容易带来正向的消费者企业社会责任响应。在两个实验中,同时考察了消费者的调节定向对其企业社会责任响应的调节作用。结论显示,不同调节定向倾向的消费者对在线零售商的企业社会责任内容和企业社会责任沟通会产生显著的响应差异,预防定向比促进定向的消费者对在线零售商企业社会责任活动的响应敏感。在实验结果中还显示,消费者对在线零售商企业社会责任响应在在线零售商的企业社会责任策略与消费者购买意愿之间起到了中介作用。

著　者

2024 年 8 月

目 录

第1章
在线零售企业社会责任理论基础

本章是在线零售企业社会责任理论基础,主要对涉及的与企业社会责任有关的核心概念、理论和文献进行回顾、梳理和评述,包括概念内涵、维度与测量方法、企业社会责任沟通等内容。

零售商关注企业社会责任,是因为这一理念不仅关乎道德和伦理,更与企业的长期发展和市场定位息息相关。在竞争日益激烈的零售市场中,企业社会责任成为吸引消费者、提升品牌声誉的关键。关注社会责任意味着零售商在追求经济利益的同时,也积极承担对环境、社会和员工的责任,这有助于建立消费者的信任和忠诚度。此外,关注企业社会责任还有助于零售商与供应商、政府等各方建立良好的合作关系,共同推动可持续发展。因此,对于零售商而言,关注企业社会责任不仅是一种义务,更是一种战略选择,有助于企业实现经济、社会和环境的共赢。

1.1　企业社会责任内涵

1.1.1　概念的形成与发展

19 世纪末期,安德鲁·卡内基(Andrew Carnegie,1889)提出了企业社会责任的观点。在他公开发表的文章中明确指出"企业管理者应该将自己看作社会利益的受托人,将企业的资金运用到有利于社会利益的地方是商人的基本义务"。受社会和时代背景的限制,安德鲁·卡内基主要是对大型企业提出的观点。这一时期的相关观点虽零散和缺乏系统性,但这些观点无疑对后续的企业社会责任探索有重要的意义。

20 世纪 20 年代,英国学者奥利弗·谢尔顿(Oliver Sheldon,1924)指出,企业的经营不能把满足股东盈利或者获得利润作为唯一的目的,还应考虑促进社会利益,以及增加除股东之外的所有其他利益相关者的利益。这被认为是企业社会责任概念的萌芽。然而,这超前的思想意识并没有获得理论界和实务界的广泛关注。当时的英国正处于"一战"后工商业恢复时期,理论界和实务界关注的重心都是企业的经济利益,企业社会责任的概念很难得到足够的重视。

20 世纪 50 年代是企业社会责任概念的提出时间。美国学者霍华德·博文(Howard Bowen)在 1953 年出版了《商人的社会责任》一书,标志着企业社会责任思想研究的开始。阿奇·卡罗尔(Archie Carroll)也因此在研究中称霍华德·博文为"企业社会责任之父"。霍华德·博文的企业社会责任概念的提出是在"二战"之后。当时美国处在经济快速发展阶段,"唯利是图"的思想充斥美国社会,很多美国人在这种思想的冲击下内心失去了平衡。

霍华德·博文的企业社会责任概念的提出,使得他们在企业社会责任思想中寻找走出内心困境的出路。在他的书中,霍华德·博文明确指出"企业社会责任原则是一种思想",商人承担企业社会责任的意愿是改善经济问题和更好地实现追求的经济目标的可行途径。霍华德·博文在书中提出了三个重要观点:第一,他认为承担和履行企业社会责任的主体是现代大公司。"二战"之后民众越来越意识到法律很难成为唯一约束企业行为的方式,公众尤其是消费者开始关注企业有没有承担那些法律要求之外的能提高整个社会福祉的责任。当然,公众首先关注的必然是大公司的行为。第二,霍华德·博文指出企业管理者是一个企业的社会责任实施者。这一思想承袭于安德鲁·卡内基。第三,霍华德·博文也明确指出,企业社会责任的原则是自愿。但是,直到今天仅靠"自愿原则",也是很难让公司承担应负的社会责任的。

霍华德·博文的观点引发了人们对企业社会责任的思考,也对后续学者的研究产生了重要的影响。20世纪60年代之后,随着西方经济的快速发展,越来越多的社会问题显露出来,而西方经济在经历多年的高速发展之后也进入了经济危机期,很多的企业家也开始意识到作为社会的一分子,任何一家企业都不能只关注自身的利益,仅仅以追求利益最大化为目标,还应该关注更多的企业利益相关者、社会公共利益以及社会弱势群体的需求。企业家意识的转变是推动企业社会责任理论研究与企业实践相结合的重要力量。由此,理论界也出现了众多关于企业社会责任的争论以及不同的概念内涵。直到今天,学术界仍然没有统一的关于企业社会责任内涵的界定,除了研究者的研究视角差异的影响外,还因为企业社会责任的内涵也随着时代的发展而发展。

在霍华德·博文(1953)提出了企业社会责任的概念之后引起了理论界和实务界对企业社会责任的关注。20世纪50年代之后,企业社会责任的研究逐渐进入繁荣时期。在霍华德·博文之后陆续有很多学者和机构对企业社会责任的内涵提出了不同解释。基斯·戴维斯(Keith Davis)多次修正自己对企业社会责任的内涵的界定。在20世纪60年代,弗雷德里克(Frederick,1960),麦克奎尔(McGuire,1963),沃顿(Walton,1964)等学者开始强调企业应该关注自身以外的更加广泛的社会利益。20世纪70年代之前,企业社会责任的研究都认同企业应该承担经济责任,而对于经济责任之外的责任,企业是否应该承担以及承担哪些,以什么为基础承担仍然没有定论。20世纪70年代之后,由于西方社会相关的社会问题越来越严重,企业社会责任观念逐渐被企业认同,越来越多的企业开始意识到使股东利润最大化并不是企业唯一的责任。但企业社会责任到底应该包含什么内容并没有形成统一的观点。企业社会责任的内涵研究逐渐进入发展时期。贝克曼(Backman,1975),斯蒂娜(Steiner,1971),阿奇·卡罗尔(1979),托马斯·琼斯(Thomas Jones,1980),约翰·埃尔金顿(John Elkington,1980)等都着力研究该内容。20世纪90年代之后,阿奇·卡罗尔(1998)也对其之前的概念进行了修正。多纳·伍德(Donna Wood,1991)将"利益相关者理论"引入企业社会责任的研究,这一创新的观点为企业社会责任的研究提供了一个新的分析角度。利益相关者理论使企业社会责任落实到企业与它的利益相关者的关系中,并在企业的特定业务活动中实施(张庆玲,2014)。

表1.1为西方学者关于企业社会责任概念汇总(此表内容为笔者根据

相关研究者观点整理）。

表 1.1　西方学者关于企业社会责任概念

时　间	代表人物及组织	主要观点
19 世纪末期	安德鲁·卡内基	企业管理者应将企业的资金运用到有利于社会利益的地方
20 世纪20 年代	奥利弗·谢尔顿	主张企业的经营应该促进社会利益,需要关注除股东之外的所有其他利益相关者的利益
20 世纪50 年代	霍华德·博文	商人自愿承担企业社会责任是改善经济问题和更好地实现追求的经济目标的可行途径
20 世纪60 年代	弗雷德里克	企业有责任为社会进步作出贡献,采用一种恰当的生产方式,以便给整个社会带来更高的福祉
	麦克奎尔	企业除了经济和法律之外,还应承担其他责任
	沃顿	企业应该关心更广泛的社会系统
	基斯·戴维斯	企业应考虑超出经济、技术和立法要求之外的议题,实现企业经济目标和社会利益的共赢
20 世纪70 年代	贝克曼	企业除了追求经济效益以外应该关注的目标或动机
	弗雷德曼	股东利益的最大化是企业应承担的唯一的企业社会责任
	斯蒂娜	企业应在遵循基本的经济原则的基础上,帮助实现整个社会的共同目标
	约翰逊	一个有社会责任的企业不仅为股东追求更多的利润,还应考虑员工、供应商、经销商、当地社区和国家的利益
	美国经济发展委员会	内圈代表基本责任,中圈代表企业在经营中带来的社会和环境责任,外圈代表促进社会进步的其他无形责任,用三圈图来解释企业的责任
	高顿	解决由企业活动引发的全部或部分社会问题的责任或义务
	基斯·戴维斯	企业在满足法律法规的前提下,社会综合效益最大化视角下进行的决策和经营活动
	阿奇·卡罗尔	社会对经济组织经济上、法律上、伦理上和自由发挥的期望

续上表

时　　间	代表人物及组织	主要观点
20世纪80年代	托马斯·琼斯	企业应该对社会中的相关团体负有法律和工会合同描述以外的责任,包括消费者、员工、供应商和邻近社区等的责任
	约翰·埃尔金顿	企业必须履行最基本的经济底线、环境底线和社会底线
20世纪90年代	希鲁默	企业社会责任与经济责任、法律责任和道德责任并列
	多纳·伍德	将利益相关者理论正式纳入企业社会责任的理论研究
	格里芬	组织在社会的运作中,为了保护和强化社会必须善尽的一套义务
	阿奇·卡罗尔	企业的经济责任、法律责任、道德责任和慈善期望

1.1.2　核心概念界定

1. 企业社会责任

企业社会责任概念萌芽自1924年美国学者奥利弗·谢尔顿提出的"企业的目标不单纯是生产商品,而是生产在社会上一部分人眼中有价值的商品"。到20世纪50年代,霍华德·博文《商人的社会责任》一书的出版,将企业社会责任作为一个管理学的概念进行了界定。自霍华德·博文开启从商人的角度来研究企业社会责任的先河后,基斯·戴维斯(1960)提出从企业社会责任与权力的角度来明确商人和企业的"责任铁律"。弗里德曼(1970)则认为经济责任是企业唯一的企业社会责任。捐助慈善事业等行为并不是企业必须承担的。基斯·戴维斯(1973)提出:"企业的社会责任是超过对企业的狭隘的经济、技术、法律要求,需要企业考虑和应对的其他事务。"阿奇·卡罗尔(1979)对企业社会责任的范畴定义为经济、法律、道德和慈善责任的总和。自20世纪90年代以后,"利益相关者理论"被广泛应用到企业社会责任的研究中,认为企业承担社会责任的客体对象就是企业的利益相关者巴奈特(Barnett,2007)和李(Lee,2008)。虽然有关企业社会责任的研究已经持续近一个世纪,但其概念内涵仍然没有被大家广泛认同。

笔者认同的是利益相关者角度的定义:一定时期内为企业的利益相关者承担的企业社会责任,包括企业内部员工的责任、股东和投资人的责任、顾客的责任、外部合作者的责任、外部社区的责任、国家与法律的责任等方面。本书是从消费者的视角来研究在线零售商的企业社会责任。

2. 消费者感知的企业社会责任

已有学者指出企业真实承担的企业社会责任与消费者感知的企业社会责任的差异,通俗来说,"企业做什么"与"消费者感知的企业做了什么"是不一样的。费显政(2010)指出,"真正影响微观后果变量如消费者支持的是感知的企业社会责任形象而不是实际的企业社会责任行为"。在本书中,消费者感知的在线零售商企业社会责任指的是消费者对企业的企业社会责任活动总体的评价,评价的高低受企业真实的社会责任活动内容和社会责任活动沟通的共同影响。

3. 企业社会责任沟通

企业需要以恰当的内容、正确的方式、合适的媒体将具体的企业社会责任活动信息传递给利益相关者,特别是企业的消费者。企业的社会责任传播,就是借助一定的载体,将企业社会责任的方方面面以一定的形式与利益相关方进行沟通,进而获得认知、认同、支持的一个过程(殷格非,2016)。本书所研究的企业社会责任沟通主要是指企业在选择了恰当的企业社会责任活动内容之后,对具体沟通中的沟通信息重点以及沟通渠道的选择。

4. 消费者的企业社会责任响应

越来越多的研究表明消费者不仅会惩罚不履行社会责任的企业,也会对那些积极承担社会责任活动的企业回报以积极的响应(利维,1999)。在过去的研究中,学者们研究多种消费者响应行为,如斯蒂坎普(Steenkamp,1990)研究了企业社会责任与消费者感知质量;崔范俊(BeomjoonChoi,2013),查金祥(2006),李海芹(2010)等学者研究了企业社会责任与消费者信任的关系;埃拉瓦蒂(Ailawadi,2014)等研究了企业社会责任与顾客忠诚的关系;莫尔(2005)等研究企业社会责任与购买意愿的关系;贝克·奥尔森和卡德莫尔(Becker-Olsen & Cudmore,2006),贝伦斯(2007)研究了企业社会责任与企业社会责任表现。消费者的企业社会责任重点考查消费者对在线零售商企业社会责任响应的两个变量:在线零售商企业社会责任表现与消费者购买意愿。在线零售商企业社会责任表现代表了消费者对在线零售商企业社会责任活动的总体评价和感知。消费者购买意愿代表了消费者对在线零售商产品的预期购买意愿。

1.2　在线零售商企业社会责任

1.2.1　在线零售商为什么要关注企业社会责任

互联网技术无疑是当今社会最具影响力的技术。科技的发展不仅改变了企业的经营管理方式,也改变了人们的生活方式。中国互联网络信息中心发布的《中国互联网络发展状况统计报告》显示:截至2023年6月,我国网民规模达10.79亿人,较2022年12月增长1 109万人,互联网普及率达

76.4%;截至 2023 年 12 月,我国网络购物用户规模达 9.15 亿人,较 2022 年 12 月增长 6 967 万人,增幅为 8.2%,助力网上零售额连续 11 年稳居全球第一[①]。

但是,电子商务发展的制度环境尚不完善,信用体系发展亟待加强,这些现状和责任缺失甚至触及法律的事件也在提醒在线零售商的企业社会责任决策刻不容缓。

国家邮政局发布的数据显示,2018 年上半年,我国特大城市中,快递包装垃圾增量已占到生活垃圾增量的 93%,部分大型城市则为 85% 至 90%。2020 年国家市场监管总局估算,我国快递业每年消耗的纸类废弃物超过 900 万吨、塑料废弃物约 180 万吨,并呈快速增长趋势[②]。

2023 年 3 月,消费者权益日相关报告指出,网络消费的服务维权问题频发,消费者维权风险敞口依旧很大。网络购物和在线服务领域仍在掀起消费热潮,然而商家的"价保套路"、电商主播售假、平台会员资费纠纷等问题仍然影响着消费者的消费体验。

频频爆雷的与企业社会责任有关的事件引发了民众对某些在线零售商的质疑,在线零售行业的企业社会责任问题影响大,在线零售商的企业社会责任决策方式不够科学,策略没有跟上社会和消费者的总体要求。许多企业往往是在类似事件受到关注以后才逐渐意识到企业社会责任也是它们应负的责任。而多数企业面对这类事件都是当成一次经营危机进行危机公关,并没有真正从战略的高度调整企业的经营。

销售假货的问题、虚假广告的问题、售后服务的问题和隐私信息泄露的问题等,会强化在线零售商及其产品服务在消费者心目中的相关负面印象。

---

① 数据来源:2024 年中国互联网络信息中心《中国互联网络发展状况统计报告》。
② 数据来源:八部门联合印发《关于加强快递绿色包装标准化工作的指导意见》,2020 年 8 月。

当企业过分贪图眼前利益,采取对社会不负责任的行为被媒体曝光、公众知悉之后,即使是财务状况较好、规模实力雄厚的企业,也有可能面临巨大的经营风险。因此,如何更好地协调企业快速发展与承担企业社会责任对于在线零售商而言越来越重要,选择恰当的企业社会责任策略也变得越来越重要。

在线零售行业的蓬勃发展为企业带来了前所未有的机遇,尤其是近年来直播等新的售卖形式也进一步开拓了在线零售商的业务版图,但同时蓬勃发展也伴随着从未有过的挑战。虽然,在线零售商从其诞生便顶着大量的光环,如可以减少库存压力、打破地域界限并带给消费者快捷方便的购物体验、具有相当的价格优势等,但在线零售商与传统线下零售商相比,本身也存在诸多先天的短板。比如,没有实际的产品和服务体验、存在退换货担忧、获得顾客信任相对困难、顾客的忠诚度较低等问题。其中,不能获得足够的顾客响应是在线零售商极为重要也是亟待解决的问题。

早在 2000 年,本哲森(Brynjolsfson)和史密斯(Smith)就在研究中指出,由于互联网的交易成本低廉,顾客可以在供应商之间自由转换。巴科斯(Bakes,1997)也指出,信息自由降低了消费者与零售商之间的信息不对称,"柠檬市场"产生的可能性也在一定程度上被降低。卡特(Carter M,2014)和理查德·赖特(Wright R,2014)的研究显示,在信息时代之前,企业掌握市场主动权,能依靠信息不对称选择自己的竞争决策,而在网络时代,消费者因信息对称获得了更大的信息力量,可以自由地发布和交换信息。普拉哈尔德(Prhaalda,2000)的研究中也发现,消费者可以全方位获知企业信息,并有了更多可以与其他消费者进行交流的方式。消费者可以更加便捷地比较各竞争商家的产品和服务。因此,消费者在网购时对价格和产品也更加敏感,这也正是各大在线零售商大打价格战的深层原因。而企业也越来越意识到凭借这样的促销行为,获得的只是价格敏感的"转换者"。在网络零售的环境下,竞争更为直接和激烈,消费者不能在购买过程中接触真实的产品,也就不能凭借产品质量来决定最终的购买行为。因此,在线零售行业比传统的线下零售行业更需要建立与消费者的紧密联系,这些联系能够促进消费者形成对在线零售商社会责任表现的更好的感知。

早有研究表明,企业社会责任策略对消费者的购买行为有很大的影响。默里和沃格尔(Murray,Vogel,1997)认为,那些能较好履行企业社会责任的企业,消费者对其产品服务的购买意愿更加强烈。汉德尔曼和阿诺德(Handelman,Arnold,1999)的研究也显示,消费者会因企业履行社会责任的程度而产生差异化的行为响应。有研究显示,企业承担企业社会责任活动不仅能直接对消费者购买意愿产生影响,还可以由企业声誉及消费者对企业认同的中介而对消费者的购买行为产生间接的影响(周祖城、谢佩洪,2009),也可以通过企业声誉和顾客感知价值对顾客满意产生间接影响(魏农建,2009),甚至可以通过影响顾客满意而最终影响顾客忠诚(李海芹等,2010)。这些研究都显示消费者的消费心理和消费行为受到了企业社会责任直接或间接的影响。企业想要通过具体的策略来影响消费者的市场响应,企业社会责任活动也会成为可以选择的重要的策略之一。

有越来越多的在线零售商尝试通过参与和改善自身的社会责任策略来提升企业形象,但很多的项目和活动并没有得到消费者的认同。有的在线零售商在履行企业社会责任的过程中态度和意愿不够忠诚,消费者感知到的是敷衍和糊弄,更有甚者涉及虚假宣传和假慈善。所有的事实都在说明企业社会责任决策与其他任何的企业营销活动一样,属于企业跟消费者的一种沟通渠道。企业社会责任表现并非只由企业的投入决定,还在很大程度上受到消费者的影响。2007 年,由北京大学经济研究院等多家机构联系进行了一项调查,该调查涉及企业和消费者两个被调查方,共有 980 家企业和 3 201 位消费者参加了此次的市场调查。调查显示:关于"企业要承担的社会责任活动"在消费者和企业两方的重要程度上,排序存在非常大的差异,具体见表1.2。

表 1.2 企业与公众对企业社会责任(CSR)重要性排序

排 序	消费者排序的 CSR	企业排序的 CSR
1	尽量减少环境污染(环保责任)	快速发展保持盈利(经济责任)
2	员工福利及工作环境(员工责任)	向社会捐款捐物(慈善责任)
3	产品质量及售后服务(顾客责任)	员工福利及工作环境(员工责任)
4	解决弱势群体的就业问题(社区责任)	产品及售后服务的质量(顾客责任)
5	依法纳税(政府法律责任)	弱势群体的就业(社区责任)
6	快速发展保持盈利(经济责任)	与其他厂商的融洽关系(合作伙伴责任)
7	捐款捐物(慈善责任)	依法纳税(政府法律责任)
8	与其他厂商关系融洽(合作伙伴责任)	减少环境污染(环保责任)

资料来源:北京大学经济研究院、民营经济研究院、《环球企业家》杂志和零点调查公司。

消费者是企业在市场中面对的最重要的利益相关者,也是企业在市场竞争中最应该关注的群体。消费者视角的企业社会责任内涵与其他利益相关者视角的企业社会责任有哪些不同?消费者看待在线零售商社会责任承担的方式是怎样的?最受消费者关注的在线零售商的企业社会责任活动是什么?消费者对不同在线零售商社会责任策略的响应有何不同?相同的企业社会责任策略在不同消费者群组会有何种绩效差异?对企业而言,了解消费者期待的企业社会责任是什么,并以消费者更容易接受的模式传达给消费者,才能保障企业履行的是消费者期待的企业社会责任项目。因此,笔者立足在线零售商,建立基于消费者响应的在线零售商社会责任策略模型,找到网络购物消费者最关注的在线零售商社会责任行为,并对企业社会责任策略提出相应的建议。

1.2.2　在线零售商的企业社会责任研究

上述研究主要针对一般的行业，由于在线零售企业相对于传统型企业有很多不同点，在盈利模式、销售商品和服务的形态等方面均存在差异。在线零售行业的社会责任内涵也会有一些与一般行业不同的地方，比如节约能源、保护环境、保证产品的安全、绿色和环保等要求并不完全适用于在线零售商（陈晓春、任腾，2011）。因此，对于在线零售商的社会责任研究应该考虑进行有针对性的概念界定。

目前学术界直接针对在线零售商社会责任研究的文献并不多。何俊（2011）、张丁予（2015）对电子商务企业社会责任的内涵、履责的重要性等做了简单的论述。刘聪粉等（2014）指出，电子商务零售企业营销过程中，实施的所有营销组合策略方面都应履行企业社会责任。牛硕（2015）指出，目前电子商务企业在社会责任承担方面存在相关的缺失，如产品质量与服务水平、数据安全与隐私、员工劳动权益保护责任缺失，税收责任缺失以及主动履责积极性不高等问题。这些缺失的社会责任在在线零售行业尤为突出，是非常值得关注的社会责任内容。

纪春礼、杨萍（2016）通过实证得到了电子商务企业如果不能很好地履行自身应承担的社会责任可能带给企业负面的影响，企业的社会责任履行越好，企业价值越高。解砾（2011）从政府层面、企业层面和社会层面，分析了适合我国电子商务的企业社会责任约束机制。余慧敏（2015）从利益相关者角度进行研究，指出电子商务的上市公司应该承担对债权人、政府、社区与环境、股东、员工等的责任。这些论述相对简单，也没有完全将行业的差异展现出来。李扬（2016）和张蕙（2016）都在其发布的企业社会责任论著中针对目前中国企业的社会责任策略进行了讨论。他们的研究中关注到了具体行业的差异,并对典型行业中的代表性企业进行了分析,但他们的研究视角仍然是企业。

另有一些学者重点研究了在线零售商的道德行为问题。首先,研究者关注的在线零售商道德行为是安全和隐私问题。在大数据时代下,所有的互联网用户都在享受着互联网企业提供的个性化服务,而互联网则利用用户活动产生的"大数据"提升企业对市场的预见能力。这看似双赢的局面,其实用户的隐私在一定程度上受到威胁。费尔南德斯(Fernandez,2001)指出,政府和行业组织已经宣布信息隐私和安全是在线零售行业发展的主要障碍。无论客户是新用户还是有经验的用户,互联网隐私和安全的风险都是他们关心的问题。基尔吉奥·罗曼(Sergio Roman,2007)指出,消费者会关注在线零售商的道德行为,如安全、隐私、非欺骗和履行/可靠性等,都显著影响消费者对在线零售商的满意度和信任。

奥布特詹(Elbeltagi,2014)和俄甘(Agag,2016)指出,在线零售商道德的五因素,即安全、隐私、非欺骗、履行/可靠性和企业社会责任,对在线消费者的满意度及回购意向具有强烈的影响。沈鹏熠(2016)从消费者感知视角将我国B2C情境中在线零售商营销道德行为分为五个维度:隐私保护、安全可靠、公平竞争、诚信经营、企业社会责任履行。奥布特詹和俄甘以埃及的在线消费者为研究对象,基于消费者的视角将在线零售商的道德分成六个维度:隐私、安全、可靠性、非欺骗、服务恢复和共享价值。时雨深和李晨溪(2016)指出,在线零售商的安全性、隐私、履行对消费者网络购买意愿有直接影响,而非欺骗和企业社会责任则通过消费者满意的部分中介作用影响消费者网络购买意愿。这些研究对在线零售商的社会责任研究有一定的参考价值,但他们的研究局限于道德行为这一个方面,而企业的社会责任活动除了道德行为,还包括其他内容,需要进一步研究。

综上所述,经历了几十年的理论研究与企业实践,理论界和实务界对

"企业社会责任是什么"虽然并没有达成完全的统一,但都接受和认同企业承担社会责任是正确的选择。而利益相关者理论的引入也促使企业承担的社会责任的内容扩大到企业的外部利益相关者,比如社区、环境、竞争者等。20 世纪 90 年代之后,关于企业的社会责任研究从关注内涵的研究转向关注如何进行企业的社会责任评价以及企业的社会责任承担与否对企业经营活动产生何种影响。我国的研究者对现代企业社会责任的研究起步较晚,主流的研究基本上可以追溯到本阶段,可以查阅的文献主要集中在 2000 年之后。

1.3　企业社会责任维度与评述

1.3.1　代表性的观点

企业应该承担的社会责任内容包含哪些具体的维度、应该从哪些方面对企业的社会责任表现进行评价,一直都是关于企业社会责任研究的热点问题。已有的研究也形成了不同的理论见解,最具代表性的包括下面几种:

第一,阿奇·卡罗尔(1979)的企业社会责任"四层次模型"。他指出,经济责任是企业最基本、最重要的责任,却不是企业唯一的责任。每一个企业都是社会组织的一分子,在承担生产性任务、为社会提供产品和服务的活动过程中必须遵循法律要求,肩负法律责任。同样,企业的所有活动也必须遵循社会的伦理规范,这些伦理规范虽然并不是法律的范畴,却广受公众的认同。社会还会期望企业参与诸如慈善捐赠等由企业自由发挥的活动。阿奇·卡罗尔认为这四项责任构成了社会责任的金字塔模型。

第二,"三重底线"的企业社会责任概念。1998年,约翰·埃尔金顿(John Elkington)完善了"三重底线"的企业社会责任概念。"三重底线"是从三个不同方面米衡量企业的业绩状况,包括经济、社会和环境变量。从广义上讲,它包括一系列的价值、问题和过程,以尽量减少公司活动有可能造成的损害,同时也应该创造经济、社会和环境的价值。"三重底线"的企业社会责任概念本质上对公司提出了更高的要求:企业所有的利益相关者需求均不能被忽视。

第三,基于利益相关者的企业社会责任维度。企业在经营过程中应考虑到契约各方的利益,"企业是所有利益相关方之间的一系列多边契约"(弗里曼,埃文,1990)。企业的社会责任承担同样应该遵循这样的原则,即企业不仅要对股东负责,还应对其他利益相关者如企业内部的管理者、企业雇佣的员工、企业的原材料和零部件等的供应商、帮助企业进行分销的渠道商、面对的各类消费者、企业所处的社区、外部总体环境等负责。特科(Turke,2009)提出著名的"社会责任评价的四维度构架",包括对社会/非社会的利益相关者、员工、顾客和政府的责任。哈里森(Harrison)和威克斯(Wicks,2013)确定利益相关者对企业所期望的四方面的价值,构建了反映员工、客户、供应商、股东和社区的价值需求的社会责任绩效评价体系。

另外,KLD①(2007)将企业的社会责任划分为社区、公司治理、多样性、劳工关系、环境绩效、人权、产品质量和安全七个维度。与很多研究者不同,金立印(2006)从消费者视角指出企业社会责任包括回馈社会、赞助教育文化等社会公益事业、保护消费者权益、保护自然环境、承担经济方面的责任

---

① KLD是1988年在美国成立的一家研究与分析公司。

五个维度。

北京大学民营经济研究院(2006)则认为,股东的权益、社会经济的责任、员工的权益、法律的责任、诚信经营责任、公益的责任和环境保护责任等七个方面是企业社会责任的主要内容。另外,财富 50＋评估指标、欧洲 FTSE4Good 指数等都重在考量企业的社会责任标准及评价问题。周祖城等(2010)构建了一个服务于企业生存与发展要求的企业社会业绩内部评价体系,该体系包括理念层面评价、行为层面评价、结果层面评价以及战略性评价等四部分,对社会责任的评价指标进行了有益的探索。李正(2012)构建五层社会责任信息质量体系,并明确了其主要和次要的信息质量特征,为企业建立有效的社会责任体系提供了参考。

1.3.2　企业社会责任维度研究的评述

理论界对企业社会责任的维度及测量的研究并不久远,虽也得到了较多的结论,但目前仍没有统一的维度构成及测量方法。早期的"三重底线""四维度金字塔"等维度体系对社会责任内容的界定仍然模糊,且涵盖的内容较为宽泛,操作性不强。目前应用较广且认同度较高的分类方式是基于利益相关者理论的细分,这种方式指标体系比较具体,测量相对容易。但这种方式的指标体系考虑的是所有的利益相关者的需求。然而,不同的利益相关者会优先考虑自己的利益诉求,不同的利益相关者对企业的社会责任活动的内容和要求也一定会有差异。因此,可能会出现利益相关方的冲突问题(哈里森、威克斯,2007)。

前人的研究多是从企业角度进行的,需要借助具体企业的经营数据及社会责任承担情况的资料才能对其进行评价。在激烈的市场竞争中,企业需要提升自身的企业价值与经营绩效。企业的社会责任表现早已成为市场判断一个企业是否优秀的重要指标之一。现有的研究也表明,真正对企业绩效有影响的并不是企业真实承担的社会责任,而是消费者感知到的表现。对建立基于消费者的社会责任评价体系的研究仍然不太多,孟繁富(2012)基于消费者评价提出了社会责任的七个维度,但该研究使用的让消费者进行评价的指标仍然是企业角度的评价体系。另外,行业的差异也会带来社会责任的差异,在具体研究某一行业时应对所用指标进行调整,以便更全面和准确地反映消费者心目中该行业的企业的社会责任表现状况。

1.4 企业社会责任与消费者行为

理论的研究和企业的实践都表明,承担起更多的社会责任可以为企业带来正向的反馈。韦伯(Weber,2008)和席勒(Hiller,2013)认为,表现良好的社会责任承担可以通过直接/间接的方式为企业带来各种回报。良好的企业社会责任承担不仅能给企业带来市场竞争中更多的竞争优势(宋鸿等,2012;郑军等,2012),而且能使企业和消费者的关系融洽,实现长期稳定发展的目标。学者们认为,企业在其总体目标中应考虑企业社会责任问题[德马尔卡蒂(Demacarty,2009)],企业承担社会责任能够显著降低企业的战略风险[切赫(Cech),多赫洛娃(Dohnalova,2015);林(Lim,2017);王站杰等,2017)]。

在市场中,企业价值等都是通过满足顾客需求而获取的。因此,2000年之后越来越多的学者开始关注企业承担的社会责任对消费者行为的影响。研究发现,在很多企业的经营实践中,企业的社会责任表现扮演了企业与消费者的沟通桥梁的角色。企业选择和调整社会责任决策时会考虑消费者的响应。企业是否履行社会责任受到了消费者的高度关注[卡瑞根(Carrigan),阿塔拉(Attalla,2001);刘红叶(2015)]。同时,多数消费者认为社会责任是企业应该承担的(莫尔,2001;莫尔、韦布,2005)。许英杰(2015)通过对北京、上海、广州、武汉、成都和沈阳六个城市消费者的责任消费意识进行研究,发现目前中国消费者的责任消费意识已经产生,在众多应承担的责任中,对消费者的购买行为影响最大的是企业对环境的责任。2009 年,鲍莫林(Pomering)和多尔尼恰尔(Dolnicar)指出,越来越多的学者关注企业社会责任对消费者行为的影响。众多学者通过研究发现,企业社会责任表现能够显著影响消费者的行为。这方面的研究主要集中在以下几个角度。

1.4.1 企业社会责任与消费者购买意愿

莫尔(2005)研究结果显示,消费者对企业的总体评价以及对企业产品的购买意愿受到了企业承担环境和慈善责任的积极影响。谢佩洪等(2009)、周祖城(2010)、边卫军和赵文龙(2017)通过研究证实企业的社会责任行为与消费者认同和消费者购买意向关系紧密。李智(2011)以我国1 000 家企业和600 多位社会公众为样本,研究了企业承担社会责任对贸易可持续、员工满意度、企业竞争力、消费者意愿的影响。企业社会责任对消费者的感知价值产生积极影响,进而推动了消费者满意度和忠诚度的提升(张森,2021)。邓新明等(2016)的研究发现,企业的社会责任表现直接影响消费者购买意愿,也可以通过动机归因对消费者购买意愿产生间接的正向影响。齐丽云等(2016)以食品行业为例,验证了经济责任、人权、环境保护、社会发展和动物保护五个维度对消费者购买意愿的显著影响作用。时雨深(2016)聚焦在线零售行业,通过实证探讨了社会责任对消费者购买意愿的影响。皮尔斯(Pirsch,2007)指出,促销型社会责任活动更容易促进消费者购买意愿。马龙龙(2011)也指出,消费者购买决策受到了企业实施的社会责任的重要影响。然而,菲尔塔(Futerra,2005)发现,虽然30%的消费者会因为企业的社会责任表现而影响自身的购买意愿,但只有3%的消费者能将这种购买意愿转换为对企业更加重要的购买行为,甚至更高的顾客忠诚。中国消费者对负责任企业的产品支付意愿也不高(许英杰,2015)。尽管如此,消费者对企业在经济、道德和慈善方面履行责任的感知对购买意愿具有显著的正向影响(于力等,2023)。

1.4.2　企业社会责任与顾客信任

1. 顾客信任

顾客信任可定义为个人对交易伙伴有信心并依赖对方的意愿[默尔曼(Moorman,1993)]。信任在实践中具有广泛的影响力,消费者的信任和期望对消费者的满意度有积极的影响[金姆(Kim,2009)]。互联网环境中存在诸多的顾客不信任,但并非互联网独有,消费者自身的因素以及与传统店铺相似的其他因素都是影响网络顾客信任的因素。消费者对信任和信誉感知、对个人隐私的关心、安全问题、网站的信息质量以及公司的声誉,都对网络消费者的信任有很大的影响(金姆、唐纳德,2007)。

随着网络技术的发展,越来越多的技术产品正在使消费者的生活变得更简单和更快捷,网络技术正在把消费者的生活方式转变为在线平台——与他人见面、交流、看视频、听最喜欢的歌曲、选择和购买不同的东西。2009年,福格尔(Fogel)和内马德(Nehmad)指出,在社交网站上,隐私问题和身份信息披露问题会引起消费者的风险和隐私担忧。这是网络环境下信任的特殊之处。2001 年,李和图尔班(Turban)指出,消费者对电子商务环境的信任是消费者与交易对象互动的意愿,这种意愿隐含着自身利益的风险。2007 年,金姆和唐纳德指出,互联网消费者信任和感知风险对他们的购买决策有很大的影响。消费者企业社会责任满意度对其忠诚度、支付溢价、转换倾向和消费者反应等影响显著(曾铭等,2018)。

在线零售商的顾客满意、顾客信任及顾客忠诚受到了自身提供给顾客的产品和服务的影响。首先,在线零售商应提供正确的产品和服务信息;其次,应建立对顾客快的反应速度[伊琳娜(Elina)、阿涅萨(Agnesa),2017]。对交易环境的信任也会影响顾客对特定交易网站或网络信息提供者的信任态度[科里托雷(Corritore,2003)],网络零售店铺的网站内容与设计对网络顾客信任有显著的影响,进而也会影响在线营销的效果[万里涅(Rahimnia)、哈桑扎德(Hassanzadeh),2013]。消费者会通过四个方面,可靠性、网站设计、安全隐私和响应能力对在线零售商的店铺质量进行评价,这四个方面均对顾客信任有显著的影响(金姆、班戈、简,2008)。消费者对在线卖家诚实交易和代表消费者利益等方面的期望对建立高度的顾客信任意义重大(许清,2010)。

较低的搜索成本是在线购物的主要好处之一。在过去,当搜索成本相对较高时,消费者依赖于产品品牌和价格等外部因素。随着互联网的出现,搜索成本的降低已经改变了消费者使用外部提示的方式。一个信誉良好的在线零售商能增加消费者对一个弱制造商品牌的购买意向。

2. 顾客信任与企业社会责任

回顾顾客信任的内涵,不难发现信任的内涵中都涉及正直、善意、能力等维度,而这些恰恰是企业的社会责任行为能够带给企业的"标签"。企业履行社会责任能带来相应的声誉和形象,比如经济责任的承担带来的企业实力的提升能在一定程度上加强企业带给消费者的"能力"形象,而法律责任的承担能进一步提升企业的"正直"形象。

承担企业社会责任可以看作企业与外界的一种交流,企业经营过程中若不能很好地履行这些责任,出现违背或破坏的行为都将直接影响消费者对企业的态度,进而降低对企业的信任程度。李欢(2010)通过实证研究证实了社会责任中的法律责任、经济责任、道德责任和环境责任均对顾客信任有显著的影响作用。肖冰果(2013)验证了社会责任中的经济责任、法律责任、伦理责任以及慈善责任均对顾客信任有显著影响。这些研究多是从企业数据来测量社会责任表现。黄晓治等(2015)在研究企业的社会责任与企业绩效的关系时,也验证了企业的社会责任对顾客信任的影响。然而,影响消费者心理的是"企业承担了多少社会责任",更确切地说应是"基于消费者感知的社会责任"。韩娜和李健(2015),樊帅和田志龙(2017),骆紫薇和黄晓霞(2017)在各自的研究中都指出,消费者可能会因感知的差异而形成对社会责任活动"伪善"的印象,这与企业期待的顾客信任背道而驰。因此,由消费者评价企业的社会责任活动,才能明确企业社会责任对顾客信任的影响。

目前研究者对于这一问题的关注很多,主要体现在以下两个方面:

(1)企业社会责任总体对顾客信任的影响

崔范俊(2013)的研究结果进一步表明,感知社会责任不仅能直接影响顾客信任,还可以通过顾客信任间接影响顾客忠诚度。王春芽和于伟平(2014)也指出,在品牌发生丑闻引发顾客信任危机时,企业的社会责任活动能起到一定的修复效果,如提高产品质量、慈善事业、捐赠资金或设备给偏远地区的学生、环境保护等,以提高品牌信任和消费意愿。企业的社会责任活动对品牌信任和消费意愿具有积极的影响。2013年,帕特丽夏(Patricia)

和伊格纳西奥(Ignacio)研究了酒店社会责任对消费者的忠诚度的影响,通过顾客信任的中介作用,企业的社会责任间接影响了顾客忠诚度。莫宾·法蒂玛(Mobin Fatma,2015)研究了相关计划对银行业企业声誉和品牌资产的影响,进而影响对企业的总体态度,指出企业社会责任直接影响企业的声誉,而顾客信任起到了中介作用。综上,顾客忠诚研究已经证明,社会责任对顾客忠诚和顾客信任均有直接或间接的影响(查金祥,2006;李海芹,2010)。

(2)不同维度的企业社会责任内容对顾客信任的影响

埃拉瓦蒂(Ailawadi)等(2014)研究了环境友好、社区支持、销售当地生产的产品以及公平对待员工四种企业的社会责任行为对顾客忠诚的影响,发现除了环境友好这一项社会责任外,其他社会责任对顾客的态度忠诚均有正向的影响。韩桑林(Sang-Lin Han,2016)提出了销售商社会责任声誉、信任和关系承诺的模型,指出企业的法律责任声誉影响了顾客的信任。顾客信任和经济责任声誉之间没有发现任何重要的关系。

综上,关于企业的社会责任与顾客信任的研究多集中于传统行业或企业,如食品行业(刘艳秋,2014),服务企业(蒋侃等,2010),房地产行业(钟金来,2012),银行业(莫宾·法蒂玛,2015),酒店业(帕特丽夏·伊格纳西奥,2013)等,对在线零售行业或企业的社会责任与顾客信任的研究并不多。

1.4.3　在线零售商企业社会责任表现

瓦格纳(Wagner)等(2009)通过研究指出,影响消费者企业社会责任响应的并不是企业实际做了什么,而是多少企业社会责任被消费者感知到了。因此,企业很难根据一些调查到的信息制定、实施和评估有效的企业社会责任战略[巴哈特塔查尔亚(Bhattacharya,2004)]。这一发现对于企业社会责任策略有非常重要的意义。学术界也开始有更多的研究者关注消费者感知到的社会责任。莫尔、韦布和哈里斯(2001)提出了责任消费者行为的概念,这一观点的提出是基于之前研究者对消费者社会意识的研究,他们也认为消费者因人口统计特征的差异会具有不同的企业社会责任感知水平。

消费者会对企业的社会责任活动有一个总体的感知与评价,贝克·奥尔斯和安德鲁(2006)通过实验的方式检验了当面对差异化企业社会责任活动策略(如匹配度等)时,消费者产生的企业社会责任响应差异主要表现在对企业产品的购买意愿、对企业能力及企业社会责任表现的评价。贝伦斯(Berens,2005)和里埃尔(Riel,2007)通过不同的实验分析了企业社会责任活动信息与企业能力信息之间的强弱对比,最终会对消费者响应产生的影响。舒蒂和朱莉(Shruti,Julie,2006)等提出企业社会责任承担的内容应考虑与消费者的匹配度问题。贝斯尔和韦伯(Basil,Weber,2006),米勒(Miller,1977),田志龙(2011),王瑞(2012)通过研究证实消费者个体特征对企业社会责任存在影响。卢东等(2009)通过研究指出消费者感知的社会责任受利己归因的负向影响和利他归因的正向影响,感知社会责任正向影响消费者的企业评价和产品评价。王仙雅等(2015)的研究证实消费者对企业社会责任的期望会影响其对企业社会责任表现的感知。

综上所述,好的企业社会责任表现促使消费者产生正面的消费者响应,能使企业及其品牌获得较高的消费者认可和品牌评价,增加消费者的重购及推荐意愿等(刘凤军和李敬强,2011),甚至带来对企业更加重要的品牌满意与品牌忠诚(布朗、达西,1997;巴哈特塔查尔亚、森,2004)。同样,差的企业社会责任表现会促进消费者的负面反应,诸如满意度的下降、购买意愿的降低以及品牌负面评价等。目前的研究关于电子商务企业社会责任的相关文献比较少。在国内的相关研究中,何俊(2011)简述了电子商务企业社会责任的内涵和重要性;解砾(2011)分析了我国电子商务企业社会责任缺失的现状、原因及约束机制；余慧敏等人（2015）结合电商行业特征，提出了一套针对性的企业社会责任评价指标。

　　面对与传统行业企业不一样的经营方式，消费者在购物过程中会受到不同于其他行业的环境影响，如面临更方便的交易转换、更低廉的搜索成本、更透明的信息公开等，在线零售商企业社会责任表现也能以更加透明和灵活的方式展现给消费者。因此，企业需要一套与传统行业企业不同的决策方式。同时，现有的研究中企业社会责任评价指标多沿用传统行业企业社会责任评价体系，对在线零售行业的企业并不完全适用。对消费者信任和购买的影响因素的研究也主要集中于产品质量和网站设计等方面。实际上，随着电商企业之间竞争不断加剧，网络消费者的抢夺战将会发生在更高层面，会有更多新的要求。本书将从顾客感知的角度，结合在线零售商的特点，完善基于消费者的在线零售商企业社会责任指标。

1.5　企业社会责任沟通

　　在企业的社会责任实践中始终都存在一个矛盾：一方面，消费者对企业的社会责任越来越感兴趣；另一方面，企业的社会责任并没有对消费者的购买行为有重要的影响力（费尔特，2005）。消费者对企业社会责任的反应并不像市场调查所显示的那样简单明了。尽管消费者在表达对企业的社会责任态度时，往往会表示在他们的购买决策中企业承担社会责任很重要，但这些统计数据掩盖了顾客对相关计划反应的真实本质。布朗科（Brunk，

2010)还在研究中指出,当消费者对企业缺乏具体信息及个人经验的情况下,消费者将会通过其他线索来进行道德推断。消费者没有恰当的渠道获知企业实际承担的社会责任内容,对企业实际实施社会责任活动缺乏全面的认识,这都会在一定程度上限制消费者的社会责任响应。因此,对企业而言提高社会责任沟通效果非常重要。庞德(Ponder,2008)认为,企业社会责任沟通是指企业为满足利益相关者的预期,向外界传达自身在社会责任方面的策略以及管理不同的沟通渠道和工具的过程,以传递企业或品牌形象整合、对社会与环境的关心以及与利益相关者互动等方面的真实信息。史密斯(2009)指出,消费者会对企业的宣传信息进行过滤,也会对企业产品和服务进行评价,企业的社会责任表现的好坏会给这些带来一定的影响。建立常规的社会责任信息披露制度是社会责任沟通的基础性工作(乔虹,2017)。刘海龙、齐琪(2017)在研究了零售企业百强网站后指出,目前多数企业的社会责任沟通不够。莫辛(Morsing,2006)指出,社会责任沟通是"为了向利益相关者传递企业的社会责任活动内容而由企业自己设计、发布的沟通过程"。目前,关于企业的社会责任沟通的研究主要包括四个方面,即企业社会责任沟通的目标、方式、内容和渠道。

1.5.1　企业社会责任沟通的目标

企业早期进行的社会责任沟通局限于社会责任信息的披露,且信息披露的主要目标并不是与消费者沟通,而是不违反信息披露的相关法规(帕藤,1991;格雷,1995),或者企业发布社会责任和环境信息是为了应对某些事件或危机(布朗,迪根,1998)。近年来的研究中社会责任沟通的概念有了新的内涵,很多研究都指出,企业社会责任沟通的最重要的目标是增加消费者对企业内在战略目标的了解,减少对企业社会责任的怀疑态度。

　　杜（Du，2016）通过研究指出，企业社会责任能够吸引消费者，并建立紧密而持久的关系。该研究还明确指出，即使不借助传统营销组合方面的竞争，如对产品属性进行改进或依赖价格促销等策略，创新的企业社会责任沟通仍能帮助企业取得更加牢固的市场地位。消费者对企业社会责任活动响应的第一步就是确定企业承担某些社会责任是内在驱动还是外在驱动，换句话说，企业承担这些责任是为了赚取利润（外在驱动）还是实实在在为了增加社会福祉（内在驱动）。

　　奥博赛德（Öberseder，2011）通过深度访谈指出，消费者对相关项目的评估是一种复杂的、分层结构的过程。在此过程中，消费者会区分核心、中心和外围的因素。企业需要向消费者传递恰当的社会责任信息，盈利目的太过明确可能带来负面影响。

　　如果一家公司的潜在客户中有相当大一部分人都觉得企业是以牺牲主营业务投资为代价而承担社会责任，那么相关努力实际上可能会受到损害。因此，企业可能会受益于告知客户，相关行为不会影响其生产高质量产品的能力（巴哈特塔查尔亚，2004）。杜剑、曹玲燕（2016）指出，目前企业信息披露的主要动机有三个：提高盈利能力、满足融资需求和降低代理成本。由此可见，目前企业进行社会责任沟通不仅是信息传递，也承载了更丰富的内涵。

1.5.2　企业社会责任沟通的方式

　　布隆（Bronn，2001）指出，企业通过改进社会责任沟通的方式可以提高消费者对企业社会责任活动的认知，从而促使其产生正面的消费行为反应。瓦格纳、卢茨和韦茨（Wagner，Lutz，Weitz，2009）指出，企业社会责任沟通方式包括两类：反应性的和主动性的。当社会中发生了某些热点事件，反应性的企业社会责任沟通方式通常就是为了响应这些社会责任事件而开展的社会责任沟通活动。而主动性的企业社会责任沟通方式是指企业主动的为避免发生某些社会事件而进行信息沟通。林和格林伍德（Lim, Greenwood, 2017）提出了两种不同的企业社会责任沟通方式：参与式与响应式。研究结果显示，参与式的企业社会责任沟通方式对社会责任表现的影响更大。莫辛和舒尔茨（2006）提出了三种企业社会责任沟通的方式：利益相关者信息告知方式、利益相关者反应式和利益相关者参与式。维姆和乌萨（Wim, Ursa, 2017）在研究中指出，企业社会责任沟通模式有两类：一类是以商业案例的形式制度化的社会责任操作；另一类是以达到沟通理解为目的的信息发布式操作。研究还强调，企业的社会责任沟通方式不应该拘泥于一种，而是应该多样化，以避免企业社会责任沟通成为被诟病的"商业利益工具"。

1.5.3　企业社会责任沟通的内容

唐卢（Lu Tang, 2009）以中国经营的企业为研究对象，比较本土企业和跨国公司所采取的不同的企业社会责任决策与沟通方式，发现企业在社会责任沟通中的定位对沟通效果的影响要大于企业产品原产国的影响。这也是社会责任沟通中研究者关注的企业社会责任活动与企业的契合度问题。贝克·奥尔森（2006）通过研究发现，低匹配度的企业社会责任活动对企业社会责任表现、态度和意图可能会产生负面影响，而营利目的过于强烈的高匹配度的企业社会责任活动带来的同样也是负面的影响。同时，研究也显示，消费者会将社会责任活动的介入时机是企业主动安排的还是被动接受的看作社会责任活动目的的暗示。

巴哈特塔查尔亚（2006）在研究中指出，利益相关者对承担社会责任的动机归因会影响其对社会责任的感知。乌萨（2008）的研究发现，拥有高自我实现要求和参与度的消费者对企业的社会责任的法律及道德慈善维度期望较高。企业应该在社会责任实践及沟通中增加这些项目内容。企业的社会责任沟通应该考虑沟通的内容与沟通的方式。我国学者李正(2007)通过对上市公司的研究指出,目前中国企业信息披露的重点是员工问题、产品质量提高、公益捐赠等,而较少披露关于废旧原料回收、环境问题、社区问题等社会责任信息。

陈迅和韩亚琴(2005)将企业社会责任划分为三个层次的沟通:第一个层次基本责任,包括企业与股东以及员工的沟通;第二个层次中级责任,主要包括企业与消费者、政府、社区的沟通;第三个层次高级责任,包括企业与社会公众的沟通。沈弋等(2014)指出,企业社会责任信息的披露在大数据环境下更加符合真实的企业状况。

1.5.4　企业社会责任沟通的渠道

广告和公关稿、企业的社会责任主页、企业社会责任报告、Web2.0 相关应用是企业社会责任沟通常借助的媒体(刘柏因,2011)。从可控性的角度看,这些沟通渠道可分为两类:一类是高可控渠道,如企业自己的官方网站、企业发布的企业社会责任报告等;另一类是低可控渠道,如消费者口碑、消费者论坛以及社交媒体等。多数企业倾向于使用高可控媒体,但研究也显示,低可控媒体更容易带来消费者的信任(杜遂利、巴哈特塔查尔亚、森,2010)。

张文祥、李新颖(2014)从传播学视角探讨了企业社会责任沟通问题,研究了企业社会责任信息披露与沟通机制问题。莫拉夫奇科娃(Moravcikova,2015)指出,在目前的企业社会责任沟通中,企业社会责任报告中不应该仅涉及经济数据,还应包含来自环境和社会领域的信息,研究还建议企业可以促使不同的利益相关者参与到具体的社会责任决策中,如企业在制订相关计划时可以邀请消费者参与其中。珀克斯和弗朗西丝卡(Perks，Francisca，2013)也指出，公司网站和企业的社会责任报告是企业披露社会责任信息时经常选择的沟通渠道。研究还指出，除了考虑原有的企业社会责任沟通方式，企业还应该增加诸如社会责任广告以及第三方关联等方式。

保罗(Paul，2017)在其新书《企业社会责任沟通的新工具——Web2.0和社会化媒体》中指出，在线的沟通方式将企业的社会责任沟通由单向的信息传递转变为交互式的沟通。目前新媒体的发展促使传统媒体面临转型，也促使企业转变和创新以企业社会责任为主题的沟通形式和传播方式(殷格非，2016)。目前的企业社会责任沟通面临更多新的挑战(埃尔文、戈洛布、波德纳尔，2015)。庄巍(2016)提出，企业可以借助新的网络传播方式如微信公众号、H5、朋友圈等加快企业社会责任沟通。为更好地管理企业社会责任沟通的效果，杜遂丽(2010)在研究中总结了企业社会责任沟通中应重点关注的内容，如图1.1所示。

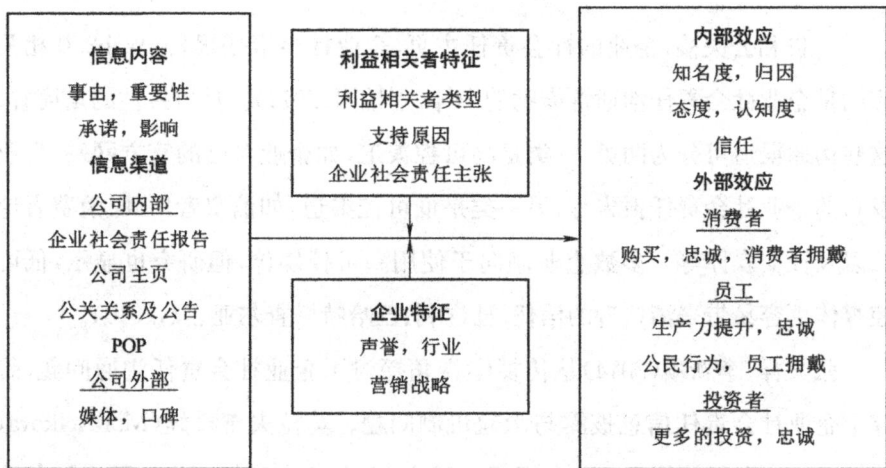

图1.1 企业社会责任沟通框架

资料来源：笔者根据杜，巴哈特塔查尔亚，森等学者的研究绘制。

　　综上所述,企业社会责任活动可能承担了很多,但效果往往不尽如人意,看起来不那么重要的企业社会责任沟通决策可能对企业的社会责任策略效果产生非常大的影响。帕劳特和乔哈内森(Pollach,Johansen,2012)指出,大部分企业的社会责任管理是由企业社会责任部门负责,少数企业是由沟通部门负责。研究进一步指出,企业的沟通部门与战略部门合作较多,但企业社会责任部门与战略部门的合作不够多。企业社会责任管理是一种有目标、有计划、有执行、有评估、有改进,系统性地展开对企业社会责任实践活动进行管理的过程(殷格非,2017)。目前,理论界关于整体的社会责任管理的系统研究还比较少,多是针对企业社会责任管理的不同环节,如具体的责任内容、责任沟通等。殷格非(2017)对企业社会责任管理的框架进行了理论分析,提供了这一领域中有价值的文献。

1.6　企业社会责任管理

　　企业承担社会责任对企业的重要性已经被很多研究证实,企业也已经开始调整对承担社会责任的态度。也有一些企业意识到企业社会责任活动应该是战略性的,而非被动和短视。企业社会责任管理体系对企业的社会责任实践非常重要(买生、王忠,2015)。从长期导向的视角出发将企业社会责任纳入企业战略管理,并在研究中发现消费者受连贯性的企业社会责任活动的影响更大(张杨、汪旭晖,2015)。程晨(2013)建立了基于中国企业实际的企业社会责任管理体系,主要的内容包括组织管理、管理培训、管理制度、战略管理、日常管理和信息管理等。侯仕军(2008)提出了企业社会责任管理的动因、模式与绩效的管理框架,其中模式包括配置环境扫描系统、开展企业社会责任沟通、采取战略行动、内部协调与外部合作,以及应对管理挑战五个基本方面。这个整合框架包含了从企业社会责任的形成到评价的整体过程,如图1.2所示。

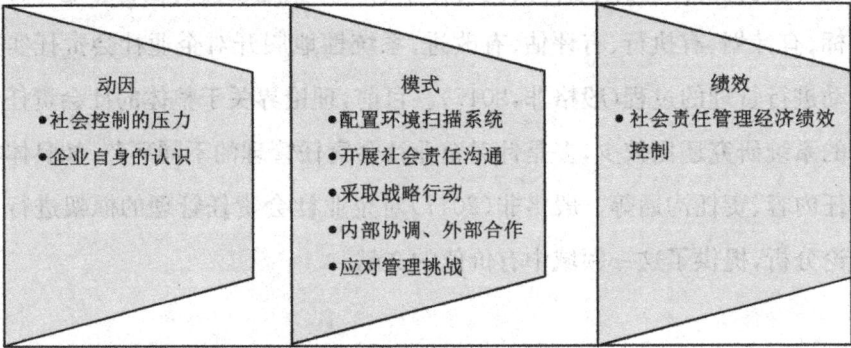

动因
●社会控制的压力
●企业自身的认识

模式
●配置环境扫描系统
●开展社会责任沟通
●采取战略行动
●内部协调、外部合作
●应对管理挑战

绩效
●社会责任管理经济绩效控制

图 1.2 企业社会责任管理的整合性框架

资料来源:侯仕军.企业社会责任管理的一个整合性框架[J].经济管理,2009(3): 153-158.

另外,还有很多学者从理论和理念上分析了企业社会责任管理。有依据企业所处的不同生命周期阶段而分段讨论各阶段的企业社会责任特点与相应管理对策的(王加灿,2006);也有的将企业社会责任表现作为背景引入企业战略管理,构建了基于战略视角的企业社会责任管理模型(赵艳荣等,2012)。

综上所述,通过企业社会责任管理系统安排企业的社会责任活动越来越受到研究者的关注。前人的研究给出了很多可以借鉴的成果,尚存在的不足是大部分研究均为理论模型的分析或理念的描述,从企业实际运行的角度来看,可以直接借鉴的并不多。

1.7　本章小结

本章主要从企业社会责任的内涵、企业社会责任的维度与测量、企业社会责任与消费者行为、企业社会责任沟通等几个方面进行梳理。通过文献梳理，可以看到学者们对于企业社会责任的研究成果非常丰富，国内外的学者通过对不同行业的考量和基于不同的理论基础，不仅对企业社会责任的内涵进行了界定，而且提出了很多对理论界和实务界很有意义的关于企业社会责任维度的划分方法。前人的研究成果已经证实了社会责任对于企业管理的很多方面都存在显著的影响。从总体上说，企业社会责任能够影响企业绩效，表现为财务的绩效以及市场竞争力等（肖红军、郑若娟，2016）。从具体的方面来看，企业社会责任在企业经营的很多方面都起到了重要的作用，如企业社会责任会影响顾客的购买意愿、影响顾客满意、顾客信任及顾客忠诚等。有关企业的社会责任研究也从"概念界定""维度构成"到"影响研究"不断推进。随着理论研究与实践结合，越来越多的企业意识到企业社会责任活动是一种趋势。企业努力开展社会责任活动的同时，也遗憾地发现，即便消费者对企业社会责任抱有极大的兴趣，也很难将这种兴趣直接转换为对企业有直接经济效益的行为。理论界也开始了基于消费者感知的企业社会责任研究。消费者是企业经营中最重要的外部利益相关者。基于消费者感知的企业社会责任研究为企业更好地开展企业社会责任活动提供了依据，也为更好地评价企业社会责任表现找到了一个更加"有针对性"的评价体系。

关于企业社会责任的研究均有一个共同的目标，即通过对企业社会责任理论与实践研究，帮助企业找到更好地开展企业社会责任活动的方式，以最大化企业社会责任对企业经营的正面影响力。它要求企业改变业务方向,从短期到长期目标,从利润最大化到利润最优化。越来越多的企业开始从战略的层面看待企业的社会责任,这些企业并没有将企业社会责任视为"短期做好事、博宣传效果"的手段,它们更看重企业社会责任在公司长远战略中的作用。关于企业社会责任的理论研究也较以往有了新的发展。本章在梳理了企业社会责任相关的文献之后,发现目前国内外的研究虽然很多,但仍存在一些不足。

第一,现有的研究对企业社会责任的定量多数是基于具体的企业社会责任活动数据,这些数据显示了企业真实承担了哪些方面的社会责任。然而,企业实际承担的社会责任与消费者感知的企业社会责任并不是一样的。这也能在一定程度上解释某些研究结果中呈现的消费者对企业社会责任表现产生负面响应现象。企业实际承担了哪些社会责任、做了哪些社会责任努力,真实的数据只有企业拥有。企业在多大程度上将这些信息披露给消费者、企业以什么的样的形式传递给消费者,消费者对这些信息的感知比例与感知一致性都会影响消费者对企业社会责任的响应。因此,为了更好地与消费者进行沟通,应该加强基于消费者感知的企业社会责任研究。基于消费者感知的企业社会责任的研究并没有很多,对于企业社会责任表现的评价也多是从企业角度进行,这不利于企业了解企业社会责任应该履行的重点内容,因此并不能给相关企业特别有效的建议。

第二,为了增加消费者对企业的社会责任活动的感知,近年来理论界和实务界越来越关注企业社会责任沟通的研究。早期的研究多聚焦于企业社会责任信息披露,最近的研究扩展到了沟通的内容、沟通的方式方法等。这对于企业的社会责任活动如何开展是非常有意义的研究。但企业社会责任沟通的前提是企业做了哪些社会责任活动,如果没有系统的企业社会责任管理,企业社会责任沟通会将企业的社会责任当作促销的手段,大大限制了企业社会责任对整个企业的战略意义。目前关于企业社会责任管理理论框架研究较多,强调从战略的高度、管理的角度来安排企业的社会责任活动,从消费者角度进行的研究还相对较少,对于如何具体推进企业的社会责任活动也需要继续深入研究。

第三,行业具有差异化的特征,不同行业面临的消费者要求也不同,企业的管理实践也会有所变化,企业的社会责任内容要求及沟通方式等也会因行业的差异而有所不同。目前国内外关于在线零售行业企业的社会责任研究并不是很多,从消费者视角的研究也较少。在电子商务快速发展的今天,网络购物在中国发展迅猛,同时关于在线零售商企业社会责任缺失的问题也层出不穷,在线零售商的企业社会责任表现受到越来越多的消费者关注。因此,聚焦于在线零售行业,建立基于消费者的在线零售商企业社会责任评价指标,并在此基础上构建基于消费者的在线零售商企业社会责任模型,具有一定的现实意义。

第2章

基于消费者的在线零售商企业社会责任模型

上一章讲述了学者们从不同的角度对企业社会责任内涵进行的丰富研究,企业应该如何安排社会责任活动才能取得最大的效益受到越来越多的研究者的关注。消费者是现代市场营销理论研究的主要对象,众多的研究者都试图通过研究消费者找到打开市场大门的钥匙。诸多关于企业社会责任对消费者行为影响的研究为企业找到恰当的企业社会责任决策提供了理论支持。本章将在理论分析的基础上,构建基于消费者的在线零售商企业社会责任模型。

2.1　消费者视角的企业社会责任响应的理论基础

要了解消费者视角的企业社会责任活动的响应机理,需要从理论上进行分析。理论界的很多研究和实务界的很多操作都证明从消费者心理的角度进行分析是准确了解消费者行为的路径。

2.1.1　归因理论

当人们看到周围环境发生的各种事情时,会试图解释自己所观察到的事件的起因。对世界的认识和理解是归因理论的重点。归因理论最初是由海德(Heider,1958)在《人际关系心理》中提出来的,用以解释人们如何对事件归因。海德认为人有两个动机:一个是需要形成对周围环境的一致性的理解,另一个是控制环境。因此,人们对事件原因的解释和理解也包括两种归因:一是情感、态度、人格、能力等内在原因;二是外在因素,如外在压力、天气、情境等。一般人在解释他人行为时倾向于性格归因,在解释自身行为时倾向于情境归因。

被称为"归因理论之父"的凯利(Kelley)在 1967 年提出了著名的三维归因理论:人们在进行因果归属时需从主客观领域中的三个方面进行归因,即行动的主体、行动的对手和行动的环境归因。凯利认为,如果将某一特定结果归结于某一特定原因,则沿这三个方面的线索可以迅速查明有关归属的信息。归因理论是关于人们如何解释他们的行为以及这如何影响他们的态度和行为的心理学理论。

在海德和凯利之后,又有很多的心理学家对归因理论进行了研究。目前,在消费者行为的研究上归因理论被广泛运用。消费者会对企业社会责任信息进行动机归因。消费者企业社会责任响应的研究中归因也多次被应用。斯旺森(Swanson,1995)认为,企业进行社会责任活动有三个可能动机:经济的动机、积极的责任动机和消极的责任动机。艾伦、韦布、莫尔等(2006)将企业从事社会责任活动的动机分为四类,即自我驱动、战略驱动、利益相关者驱动和价值驱动。这是目前被广泛认可的分类,在很多研究中被应用。张洪利(2010)借助这种分类方法,通过实证研究了消费者对企业社会责任活动的四类动机对具体的消费者行为的影响。

2.1.2 消费者的调节定向理论

1. 内涵

调节定向理论是关于动机的一个重要的心理学理论,这一理论解释了为什么面对相同的营销策略消费者会产生不同的判断。比如,同样面对大促销,一些消费者会很关注促销带来的好处,产生"不买东西就是亏"的心理,而另一些消费者关注的却是大量的促销中可能隐藏的"商家以次充好、服务缩水"等信息。在消费者行为的研究中,这两种消费行为分别受到了促进定向和预防定向两种动机的调节。这一理论是由心理学家希金斯(Higgins)在1997年首次提出。阿克(Aaker)在2001年将该理论引入消费者行为的研究之后,得到了非常广泛的应用。个人试图改变或控制自己的想法和反应以达到特定目标的过程称为自我调节(格尔斯、韦兰、科斯巴布、兰德里、赫尔弗,2005)。

　　具体来说，调节定向可以区分为两种不同的调节定向：与提高需要（成长、发展和培养等）相关的促进定向，与安全需要（保护、免受伤害等）相关的预防定向。因此，两种不同的调节定向在目标调节中的作用方式是完全不同的。促进定向将期望的状态表现为完成，更关注目标实现过程中的积极结果，即"追求快乐"；而预防定向则将期望的目标定义为责任与安全，因而更关注目标实现过程中的消极结果，即"回避痛苦"，具体如图 2.1 所示。

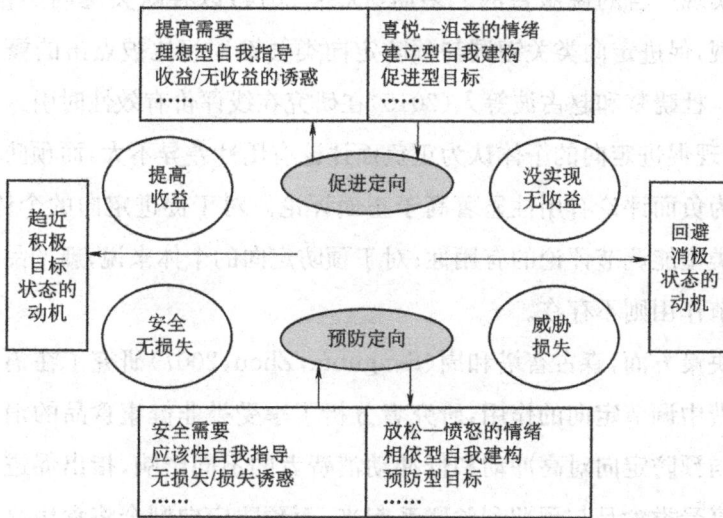

图 2.1　促进/预防调节定向的启动因素及动机关系

资料来源：姚琦，乐国安.动机理论的新发展：调节定向理论［J］.心理科学进展，
　　　　2009(6)：1264-1273.

2. 调节定向理论与消费者行为研究

　　调节定向是一种普遍的动机，是一种简单而有效的理解人类行为的心理理论。因此，很多营销学者将其应用于消费者行为的研究中。这些研究都表明，调节定向在消费者对信息的认知与评价和行为的判断与决策中起到了重要的作用。

在信息认知方面,阿克(2001)在消费者的广告信息框架研究中引入了调节定向理论,开启了营销学研究中调节定向理论的应用。阿克的研究发现包含不同调节定向信息的广告信息对不同自我概念的消费者会产生不同的说服力。基尔马尼(Kirmani,2007)在研究中也发现,不同的调节定向广告信息对消费者的吸引力是不同的,也会产生不同的说服效果,进而还会影响到消费者的品牌评估。研究结果显示,预防定向比促进定向更容易帮助广告主实现广告的说服目的。多斯(Doss,2014)以谷歌关键词广告为例,研究发现,促进定向类关键词与预防定向类关键词相比被点击的概率增加了6倍。杜晓梦和赵占波等人(2015)在研究在线评价有效性时引入了调节定向,发现促进定向的个体认为正负面评论有用性差异不大,而预防定向的个体认为负面评论有用性显著高于正面评论。对于促进定向的个体来说,新产品类型能调节评论的有用性;对于预防定向的个体来说,新产品类型的这种调节作用则不存在。

在决策方面,森古普塔和周(Sengupta,Zhou,2007)研究了在消费者的冲动消费中调节定向的作用,研究者分析了享受类非健康食品的消费中促进定向与预防定向对高冲动和低冲动消费者的不同影响,指出促进定向能把消费享受类食品与预期利益联系起来,而预防定向则会将食用享受类食品与预期损失联系起来,进而影响到消费者的最终决策。阿托勒(Atorough,2012)的研究中指出,消费者在网络购物过程中,调节定向、感知风险对营销策略具有显著的调节作用。陈友庆(2015)在研究调节定向对网络购物决策的影响中也得出了操控环境能够影响被试购买决策的结论。赫森斯坦、波萨瓦克、布拉库斯(Herzenstein,Posavac,Brakus,2007)的研究则讨论了在新产品购买中调节定向理论的影响。通过研究购物中心的长期数据,研究者发现,与预防定向的消费者相比,具有长期促进定向的消费者对新的高科技产品以及新的重复购买促销活动都具有更高的消费者购买意愿。研究者通过操纵调节定向发现,当消费者面对模糊的新产品的风险时,促进定向的消费者比预防定向的消费者表现出更强的购买意愿。但当消费者面对明显的新产品的风险时,促进定向消费者与预防定向消费者购买意愿一样不强烈。夏小彤(2017)通过情境实验的方式验证了调节定向对消费者购买意愿的影响。肖捷(2013)在进行企业社会责任研究时,系统地分析了不同调节定向倾向的消费者对社会责任策略的响应差异,研究者重点研究了不同调节定向的消费者对消费者购买意愿的影响。调节定向理论也在其他营销行为研究中被广泛运用。尹非凡和王咏(2013)通过梳理相关文献,认为调节定向影响着消费者购物决策的整个过程,他们围绕消费者行为研究领域中消费决策和说服两个主题回顾了前人的研究,总结了目前在营销领域调节定向理论的应用范畴,如图 2.2 所示。

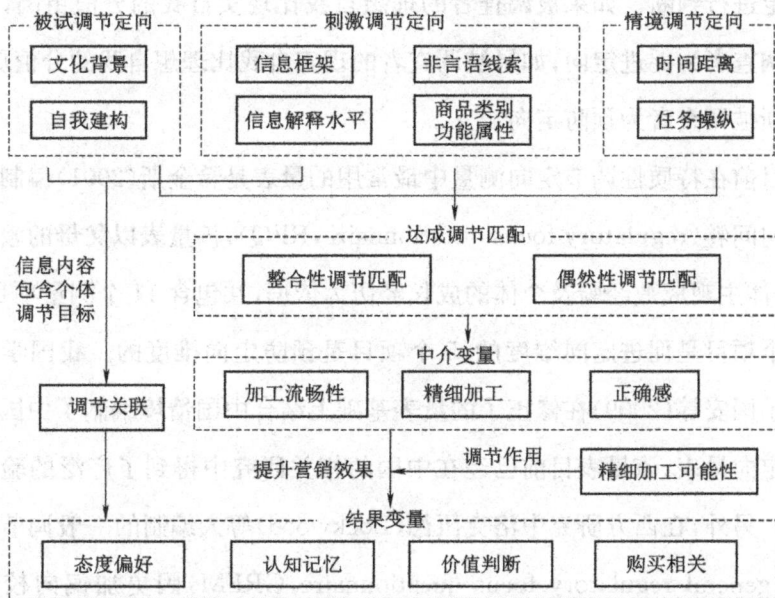

图 2.2　消费者行为研究领域调节定向研究涉及的变量框架

资料来源:尹非凡,王咏. 消费行为领域中的调节定向[J]. 心理科学进展,2013 年第 2 期:347-357.

3. 调节定向的测量方法

个体的调节定向分为特质性调节定向和情境性调节定向(希金斯，1997)。所谓特质性调节定向是指个体长期以来形成的稳定的调节定向策略上的偏好，即个体主要表现为促进定向或预防定向，常用于对消费者的分类。情境性调节定向是指由于当前形势所引起的信息线索而产生的短期行为倾向，在任务情境中表现为促进或预防的信息(林晖芸、汪玲，2007)。

对于特质性调节定向的常用方法是问卷调查法。希金斯(1987)首先编制了自我问卷(SQ)，该量表最常用到的调节定向根据被调查者对自我认知的评定进行判断。如果被调查者的理想自我比现实自我的分值更高，则判断被调查者为促进定向；如果被调查者的现实自我比理想自我的分值更高，则判断被调查者为预防定向。

目前在特质性调节定向测量中最常用的量表是希金斯(2001)编制的调节定向问卷(regulatory focus questionnaire，RFQ)，该量表以父母的教育目标、个体主观成败经验及个体的成长经历为依据，共包含 11 个测量项目，其中 6 个项目是促进定向维度的、5 个项目是预防定向维度的。我国学者姚琦和乐国安等(2009)在修正了的量表基础上结合中国情境编制了中国版的调节定向量表，该量表目前已经在中国的相关研究中得到了广泛的验证和应用。另外，在西方研究中洛克伍德(Lockwood)等人编制的一般调节定向量表(general regulatory focus questionnaire，GRFM)因更加偏向校园生活，强调学业，应用范围不如 Higgins 的量表广泛。

2.2　影响消费者企业社会责任响应的因素分析

早在 2001 年,森便在自己的研究中指出,承担企业社会责任不一定能带来企业想要的响应效益。在某些时候,企业承担企业社会责任甚至会带来负面的消费者响应,如消费者购买意愿的下降等。马格达莱纳(Magdalena,2011)也提出了消费者企业社会责任响应研究中存在已久的悖论:一方面,消费者表现出强烈的对企业社会责任表现的兴趣;另一方面,消费者在购买行为、消费者信任以及忠诚中显现了令人意外的"冷漠"。在企业的社会责任决策过程中,这些问题常会困扰企业:消费者更青睐何种企业社会责任活动?消费者为什么比较青睐这些活动? 为什么相同的企业社会责任活动不同消费者的响应可能会大相径庭? 对企业社会责任项目的评估是一种复杂的、分层结构的过程。在此过程中,消费者会区分核心、中心和外围的因素。除了森和马格达莱纳的研究,目前已经有不少研究也找到了一些影响消费者对企业社会责任响应的因素。

2.2.1　企业社会责任活动类型

普遍被认同的影响因素是企业社会责任活动类型。皮尔斯、吉普塔、格劳(Pirsch,Gupta,Grau,2007)的研究探讨了消费者对不同类型的企业社会责任活动的响应。他们将企业社会责任活动分为两类:第一类是制度性的企业社会责任活动(institutional corporate social responsibility,ICSR),这种活动涉及公司各个方面的企业社会责任,是以制度化的形式展现给目标消费者;第二类是促销性的企业社会责任活动(promotional corporate social responsibility,PCSR),这类活动是企业以社会责任活动为促销手段,为提高销量和促进销售而采用的企业社会责任活动。

维姆和乌萨(2015)在研究中也提出类似的分类,指出企业社会责任模式有两类:一类是以商业案例的形式制度化的企业社会责任操作,另一类是以达到沟通理解目的的信息发布式操作。制度化的企业社会责任活动往往考虑全体利益相关者,并且具有时间的连贯性;促销型的企业社会责任活动往往针对某一事件或某项活动展开,面对的也往往是某一类利益相关者。因而,两类活动会产生不同的消费者响应。

2.2.2　企业社会责任活动的匹配度

匹配度指的是企业的社会责任活动与企业的市场定位、品牌形象以及目标顾客的匹配程度。利益相关者通常认为,企业只会赞助那些与自己的核心活动有良好关系或逻辑关联的社会问题(哈雷,1996)。企业的社会责任匹配度很重要,因为匹配度的高低会影响消费者对企业社会责任活动的态度(梅农、卡恩,2003;西蒙斯、贝克·奥尔森,2006)。低的企业社会责任匹配度对应的是企业社会责任活动与企业从事经营活动之间较弱的商业逻辑,不容易被消费者认为企业是在以社会责任活动掩盖"谋求利益"的目的,低的企业社会责任匹配度会带来消费者较高的认可,认为企业开展社会责任活动的动机是善意的。但也有些学者认为,企业的社会责任活动与自身匹配度较高能够促使消费者产生"企业非常专业"的认知(凯勒,1993),而企业专业的形象认知对提升企业在市场中的竞争地位以及获得良好市场声誉都是非常重要的。相反,当企业与社会责任活动的匹配度较低时,消费者最容易产生的不是"企业慈善"的感知,而是企业对自身资源的浪费,且这种浪费最终的承担者仍然是消费者。因此,杜遂丽(2010)提出,当企业的社会责任活动与自身的匹配度不高时,企业应该主动加强利益相关者眼中企业社会责任活动与企业之间的可能关联。

2.2.3　企业社会责任活动的信息发布渠道

多种渠道均可以将企业社会责任信息传递给利益相关者,包括对企业最重要的消费者。企业可以用来传递企业社会责任信息的渠道有很多种,首先是企业的内部渠道,包括企业发布的年度企业社会责任报告、企业的官方网站等。例如,2018 年 1 月,京东集团发布《京东集团企业社会责任报告 2013—2017》,全面分享了这五年京东在社会责任领域的重要突破和成绩。报告从消费者、合作伙伴、股东与投资者、员工、政府、公益创新、环境等多个维度详细阐述了京东社会责任的理念以及未来发展的战略[①]。除了内部渠道外,企业还可以借助外部渠道,如第三方的新闻媒体、消费者论坛等。

杜遂丽(2010)指出,企业的社会责任信息发布渠道可以分为可控渠道和不可控渠道。可控渠道是企业可以自行决定信息内容以及干预信息发布的,而中立的第三方新闻媒体、消费者论坛、顾客口碑等都是企业无法完全控制的。通过企业可控渠道发布的信息不能很好地获取消费者的信赖,消费者会因发布渠道产生对信息真实性的怀疑,从而影响消费者对企业社会责任活动的感知。因此,信息的可控和与之相关的信息的可信是企业在选择社会责任信息发布渠道时应该关注的问题。由于企业社会责任行为的特殊性,企业不能完全将企业社会责任的传播方式等同于一般性的企业传播,否则可能带给企业负面的响应效益(威廉斯,2004;尹,2006)。同时,不同的企业社会责任活动内容应通过不同的渠道对外发布也是企业应该考虑的策略。

2.2.4　企业社会责任活动的沟通信息类型

梅农和卡恩(2003)提出,企业社会责任沟通的内容可以影响消费者对

---

① 京东集团于 2018 年 1 月 9 日发布。

企业实际社会责任活动的态度。肖捷(2013)通过扎根研究和深度访谈,提出在企业社会责任沟通中效益性和安全性是消费者关注的重点。效益性指的是企业社会责任活动可能带来的社会性福祉或经济性收益,如帮助了利益相关者,实现了企业社会的可持续发展等;安全性指的是企业通过一些途径和方式来消除现行环境中较为严重且无所不在的消费者怀疑心态,企业的社会责任活动真实有效且不发生偏差,如确保该企业社会责任活动的真实性、确保这些项目能按计划实施、活动的实施不会带给企业和社会其他的危害等。企业向利益相关者发布相关企业社会责任信息时应考虑包含哪些内容信息,如承诺、预期效益、活动涉及范围、活动动机等。

杜遂丽(2010)和卡伦(2005)在研究中都指出,企业社会责任沟通中,企业对社会责任活动的承诺很重要。而张杨和汪旭晖(2015)的研究中则重点讨论了企业的社会责任活动持续推进的重要性,他们在研究中指出,目前很多的研究都关注企业社会责任活动主题本身的类型、匹配度等问题,但企业社会责任活动的连贯性、活动的持续性等对消费者感知的影响也非常大。这实际反映了消费者对企业的社会责任活动的长期效应以及按计划实施的关注。

总体来说,企业社会责任沟通重点突出项目的效应还是安全实施的确是企业应该考虑的问题。

2.2.5 消费者个人因素

除了上述分析的因素外,还有不少研究者关注企业实施社会责任活动的动机对消费者的社会责任感知的影响。艾伦(2000)的研究中显示,有的企业为了迎合时局而做出来的企业社会责任反应,如迎合偶然发生的消费者感知质量危机、某个环境被破坏的新闻被曝光等,其真实的动机会被消费者怀疑。企业在进行社会责任活动时的真实动机是促销性质还是从利益相关者角度考虑的公益慈善性质,也会影响消费者的企业社会责任响应。也有研究者认为,企业的能力、企业的形象等对消费者的企业社会责任感知的影响也很大(布朗、达辛,1997)。

　　企业通过选择不同类型的企业社会责任活动,借助不同的沟通渠道将差异化的内容信息传递给利益相关者,最终会影响利益相关者的响应。本书重点考虑消费者的响应。企业社会责任活动最终发生作用是依赖于消费者感知到的企业社会责任策略。然而,面对相同的企业社会责任活动,不同消费者的感知也可能完全不同,究其原因,消费者本身的差异也起到重要的作用。因此,研究企业如何安排社会责任活动实施和沟通时一定要考虑到消费者的个体差异。消费者的个人状况可能成为重要的影响企业社会责任策略与消费者响应关系的因素,如消费者对企业社会责任的期望等(欧平,2010)。另外,消费者信任、消费者支持、消费者感知动机等因素也会成为影响消费者企业社会责任感知的重要因素(沈鹏熠,2016)。李伟和刘丽华(2016)认为,在中国背景下,消费者普遍处于受中国文化与社会风俗等因素影响的规范理性框架下,因而该研究最后从感知企业社会责任和规范理性的角度构建了消费者响应企业社会责任模型。

2.3　模型构建与研究假设

2.3.1　模型构建

　　企业社会责任研究的目标是帮助企业找到"如何更好地开展社会责任

活动"的路径,以最大化企业社会责任对企业经营的正面影响。它要求企业改变业务方向,从短期到长期目标,从利润最大化到利润最优化。因此,企业需要从战略上总体安排企业社会责任策略的实施与管理。企业社会责任活动通过不同的沟通方式传递给消费者,而消费者感知到的企业社会责任最终决定了消费者的响应是什么。

企业社会责任活动实施内容的选择、企业社会责任活动沟通信息的重点、企业社会责任活动沟通渠道的选择等都是在线零售商进行企业社会责任决策的重要内容,同时消费者调节定向也会对消费者的企业社会责任响应产生一定的调节作用。因此,本书的研究尝试建立基于消费者在线零售商企业社会责任模型,具体的模型架构如图 2.3 所示。

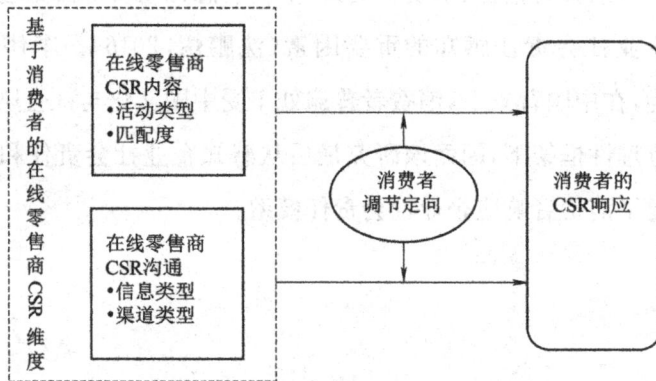

图 2.3　基于消费者的在线零售商企业社会责任模型

2.3.2　主要研究假设

根据图 2.3 的理论模型,建立主要假设:

1. 在线零售商企业社会责任活动内容选择

消费者是企业关注的重心,是企业制定营销策略最先考虑的问题,能否非常好地洞察消费者的需求是企业在市场中赖以生存的基础,本书所有的研究均是基于消费者视角的研究。因此,当在线零售商选择企业社会责任活动内容时是从消费者的视角考虑,在线零售商的企业社会责任活动内容选择可以从三个方面展开:基于消费者的在线零售商企业社会责任维度内容;基于消费者的在线零售商企业社会责任活动类型选择;基于消费者的在线零售商企业社会责任活动匹配度选择。

(1)在线零售商企业社会责任维度内容方面

尝试从消费者的角度,讨论确立在线零售商企业社会责任维度体系,为在线零售商企业社会责任活动内容选择提供依据。

与其他传统企业一样,在线零售商应该承担起对于股东与投资人的责任。作为一个企业,第一要务就是为股东和投资人赚取应得的回报,这可以说是企业最基本的责任。因此,几乎所有的企业社会责任量表中,企业的经济责任(或者为股东与投资人谋求更大发展)都是重要的内容。从消费者的角度看,一个企业能够最大限度地承担对股东与投资人的责任说明企业会尽可能通过改善企业的经营战略、提高竞争能力等方式获得较好的经济效益,这也意味着企业将会成为更有市场吸引力的主体。

在线零售商应该承担对员工的责任。员工与股东一样,对企业非常重要,员工的优劣是企业在市场中影响竞争力的重要因素,也是企业的内部利益相关者。企业应在相关规章制度等方面为员工提供更好的工作环境,比如基础的合同保障、富有吸引力的薪酬与福利、完善的培训与职业前景规划等。这些决策都能提升员工的工作积极性。从消费者的角度,企业能一贯展现出对员工负责和为其谋求福利的形象,也能在一定程度上提升企业的公众形象,增加对其"真诚与善意"的认知,为企业实力加分。

这两项责任都是企业非常关注的经营内容之一。从消费者的视角看，这些活动都属于企业内部的活动。即使并不能直接给企业带来即时的利润回报，但消费者仍会将这些活动看作企业内部的责任。

本书做出与以往研究不同的假设。

因此有假设 H1a：基于消费者的在线零售商企业社会责任中包含对员工的责任和股东的责任。

而对消费者的责任必然是在线零售商无法推脱和逃避的。消费者是企业最重要的外部利益相关者。在线零售商通过承担消费者责任提升消费者的满意程度，进而也能提升在市场中的竞争地位。因此，无论是传统的行业还是新兴的行业，企业承担对消费者的责任都是毋庸置疑的。消费者也最关心企业能否非常好地承担其职责，产品、服务和宣传各个方面，都是消费者可能会对企业发生改观的因素。比起传统的企业，在线零售商应该承担的对消费者的责任内容更多、要求也更加复杂。比如，保障消费者在线购物的时候能获得真实的产品信息、完善的销售服务、安全的支付平台、无忧的退换货服务以及有保障的个人隐私信息等。

基于此，有假设 H1b：基于消费者的在线零售商企业社会责任包含对消费者的责任。

在线零售商拥有很多的商业合作伙伴，包括企业的供应商、物流服务商，也包括企业可能的竞争者以及战略联盟商等。商业合作伙伴是企业的外部利益相关者。在线零售商应承担对合作伙伴的责任。从企业战略的角度，供应链中任何一个环节都是非常重要的，也是企业应该予以重视的。企业在与外部企业合作的过程中，避免出现欺诈、信息隐瞒以及不公平约定，可以更长久地维系合作关系。同时，对在线零售商而言，大部分的产品和服务都来自供应商，因此，在线零售商还应该督促供应商在生产经营中承担企业社会责任，避免出现连带污名后果。从消费者的角度，一个能公平公正地处理与商业合作伙伴关系的企业是拥有更好声誉的企业，也可能获得更多的消费者认可。

在线零售商在经营中应尽可能地避免增加社会环境负担、避免使用污染环境材料、避免过度消耗社会资源等，这些观念已经得到大部分企业的认同。因此，在线零售商应该基于传统意义承担环保的责任，像过度使用物流配送包装、不合理的物流配送规划、使用增加环境负担的包装材料等行为都是有违这一原则的。在线零售商应关注新的包装技术、配送方式、环保材料的使用以及重复利用物流配送包装等。在"可持续发展"宣传越来越多的情况下，公众的环保意识不断提升。从消费者的角度，这些决策能激发消费者的环保消费意识，进而提升企业在消费者心目中的形象。

同传统企业一样，在线零售商根植于社会也应回报社会，应该承担慈善的责任。企业慈善责任的履行与其他社会责任一样，是企业的社会责任体系重要的组成部分。慈善责任与员工责任和股东责任不同，承担责任不一定能带来直接的经济效益，但慈善责任是企业履行社会责任的最高境界。因此，企业对慈善责任的承担一直以来都受到社会关注（陈璐，2014），也是消费者所看重的。企业生存于社会，根植于社区。只有整个社会健康稳定发展才能保障企业的长久成长。从长远看，企业应承担回馈社会的慈善责任，参与社区建设，以物质的或非物质的方式实际援助某些项目，积极参与慈善捐赠活动，帮助弱势群体等，最终达到造福社会的目标。从消费者的视角，在线零售商通过承担慈善活动能更好地树立正直、善意的企业形象，有助于建立更好的顾客信任。

在线零售商应承担法律的责任。承担法律责任是企业的社会责任的基础项目。对在线零售商而言，需要遵循相关互联网经营的法律法规，及时准确地缴纳相关税费。遵纪守法，响应政府号召，也是消费者对一个企业的基本要求。

上述在线零售商企业社会责任内容是大部分企业目前比较认同的，也是传统意义上企业社会责任的内涵。但本书的视角为消费者，从消费者的角度看，企业所有的社会责任可以简单分为与消费者有关的和与消费者无关的。上面提到的这些企业社会责任活动都属于与消费者无关的。这些企业社会责任可以是回馈社区的活动、参与慈善的活动、承担法律责任的活动以及承担环保的责任活动等。从企业和研究者的角度来分析，这些活动面对的利益相关者是不同的。但从消费者的视角，这些都属于相似的类别。埃拉瓦蒂和尼斯林(2014)也将企业的社会责任分为内在的 CSR 计划，主要涉及顾客与企业的直接交流包括产品以及员工等，和外在的 CSR 计划，如环境友好、社区支持等。

基于此，提出假设 H1c：基于消费者的在线零售商企业社会责任包含与消费者无关的企业外责任因素。

(2)在线零售商企业社会责任活动类型选择方面

通过上面的分析，不同的企业社会责任活动类型对消费者的影响有差异。消费者面临差异化的企业社会责任内容会产生不同的行为响应。制度型企业社会责任或促销型企业社会责任在实施过程中内容的重心不同，也会产生不同的消费者感知效应。

提出假设 H2：不同的在线零售商的企业社会责任活动类型对消费者的企业社会责任响应有差异化影响。

(3)在线零售商企业社会责任活动匹配度选择方面

企业社会责任活动匹配度的高低会让消费者产生企业"更功利"或"更真诚"的不同感受，也会影响消费者对企业利用资源的"专业性"的感受，影响在消费者心目中的定位，进而影响消费者对企业社会责任响应。

提出假设 H3：相对于低匹配度的企业社会责任活动，高匹配度的企业社会责任活动能为在线零售商带来更多的企业社会责任响应。

2. 在线零售商企业社会责任活动沟通选择

在线零售商企业社会责任决策不仅包括"企业做什么""企业如何做"，还包括"企业如何说"。企业社会责任内容的选择解决了前两个问题，那么从消费者的角度找到企业最佳的企业社会责任沟通方式解决的就是"如何说"的问题。"如何说"可以从两个方面考虑：企业进行社会责任沟通的过程中信息的重点是什么，企业通过何种渠道将社会责任信息传递出去。

(1)在线零售商企业社会责任沟通的信息重点

沟通过程中最重要的环节是确定向接收方传递的信息内容重点是什么。企业社会责任沟通中信息的重点同样会显著影响消费者对企业社会责任活动的感知，沟通过程中信息的重点放在企业社会责任的效益性还是企业社会责任的安全性，这是在线零售商的重要决策。

提出假设 H4：在线零售商企业社会责任沟通的信息类型影响消费者的企业社会责任响应。

(2)在线零售商企业社会责任沟通的渠道选择

企业可以通过自己可控的内部渠道如企业社会责任报告、公司网页等传递企业的社会责任信息，也可以通过不可控的外部渠道如新闻媒体等进行企业社会责任沟通。由于信息来源的差异，消费者会对信息产生不同的感知。

提出假设 H5：在线零售商通过不同的渠道进行企业社会责任沟通会产生差异化的消费者企业社会责任响应。

3. 消费者的个体特征影响

通过上文分析，个体的差异会影响消费者信息的感知和认同，也会影响其最终的消费决策。促进定向的消费者与预防定向的消费者会对在线零售商企业社会责任活动有不同的感知。

由此，假设 H6：消费者的调节定向在在线零售商企业社会责任内容与消费者企业社会责任响应之间起调节作用。假设 H7：消费者的调节定向在在线零售商企业社会责任沟通与消费者企业社会责任响应之间起调节作用。

2.4　本章小结

综上所述，本章在理论分析基础上提出了本书的基础假设，主要包括三个方面：

第一，从消费者的角度，提出在线零售商企业社会责任包括的主要维度。

第二，基于消费者的企业社会责任响应，针对在线零售商企业社会责任内容和企业社会责任沟通提出了研究假设。

第三，将调节定向引入消费者企业社会责任响应研究，提出不同调节定向倾向的消费者会对在线零售商具体的企业社会责任策略产生差异化的反应。本章的研究内容构建了本书的研究框架，为后续三章的实证研究提供了理论支撑和研究思路。

第 3 章
基于消费者的在线零售商企业社会责任维度

在线零售行业"不承担企业社会责任行为"被曝光的频率越来越高，这也提高了消费者对在线零售商企业社会责任的关注程度。在线零售商企业社会责任表现对消费者的行为影响也越来越大。因此，企业应该了解消费者视角的企业社会责任职责内容。同时，不同行业的企业社会责任评价标准以及侧重点也会有所不同。本部分将从消费者出发建立在线零售商企业社会责任的维度体系。

3.1　测量指标的确立

3.1.1　初始量表的形成

如何评价企业的社会责任表现一直都是理论界和实业界关注的重要问题。因此,已有的研究中也有不少可供参考的内容。笔者也是在前人研究基础上,建立了量表的部分初始测量题项。在第二章的文献梳理中,已经列举了部分研究者对企业社会责任测量的研究成果,主要的测量维度见表 3.1(此表内容为笔者根据相关文献整理编制)。

表 3.1　企业社会责任维度构成

时　间	代表人物	维度构成
1979 年	卡罗尔	经济责任、法律责任、伦理责任和自愿责任
2007 年	KLD 公司	社区关系、员工关系、环境绩效、产品特征,军火合同、涉足原子能业务
2006 年	北京大学民营经济研究院	股东权益、社会经济、员工权益、法律责任、诚信经营、公益责任和环境保护
2006 年	金立印	回馈社会、赞助教育文化等社会公益事业、保护消费者权益、保护自然环境、承担经济责任

续上表

时　　间	代表人物	维度构成
2012 年	孟繁富	慈善与社会公共责任、顾客与商业伙伴责任、员工发展责任与产品责任、环境责任、竞争者与供应商责任、员工基本责任及股东责任
2015 年	余慧敏	人力资源管理、信息资源管理、财务资源管理、商品服务管理、技术资源管理、规范管理以及社会和环境
2016 年	霍海燕	基本责任、环境保护责任、社会支持

虽然，这些研究的结论很丰富，但大部分的研究都不适用于基于消费者的在线零售商企业社会责任的评价。这些指标或从企业角度分析，指标体系涉及全面，需要具体企业的资料才能进行测定。因此，这些指标更适用于监管部门或第三方评价机构测评，并不适用于消费者感知视角的企业社会责任评价。也有一些研究虽从消费者视角出发，如金立印和霍海燕的量表，但其中均没有包含员工责任的题项。在移动互联网发达的今天，消费者可以通过更多的渠道了解到企业对其他利益相关者社会责任的履行情况，进而影响消费者的后续响应。消费者是否认同企业承担员工责任需要由消费者来决定。孟繁富（2012）的研究也证明了这一点。因此，初始问卷是在利益相关者理论的基础上建立了消费者视角的企业社会责任量表。同时，基于网络零售的种种特点，消费者购买过程及支付过程均在线上，产品真伪、线上服务效果、物流配送及售后等，都是企业社会责任问题频出的环节，也是消费者关注的重点，量表相比一般行业，应该有所不同。余慧敏（2015）提出了专门针对电子商务企业的社会责任评价指标体系，该指标体系充分考虑了电子商务企业的特征，重点考察了与在线销售有关的企业经营活动，对电子商务企业的社会责任评价有重要的参考价值。但该量表是从企业角度的测评，需要大量来自企业的具体数据，而非消费者视角的测评。

　　测量量表是在孟繁富(2012)、郑海东(2007)、余慧敏(2015)等学者建立的题项基础上，考虑消费者的关注视角及在线零售行业的特征，进行了相应的调整。量表的设计遵循全面考虑企业各项社会责任的原则，从消费者的视角评价其重要性，从而确立基于消费者视角的在线零售商企业社会责任维度包含的内容，见表 3.2。（此表内容为笔者根据相关资料整理编制）

表 3.2　基于消费者视角的在线零售商企业社会责任维度测量量表

初始测量题项
CSR1. 在线零售商是否有长期的经营计划，获得高收益
CSR2. 在线零售商是否定期、准确地向投资人/股东披露提供全面真实的企业信息
CSR3. 在线零售商是否建立了良好的企业信誉
CSR4. 在线零售商的会计与审计是否合法合规
CSR5. 在线零售商是否及时向员工支付合理薪酬
CSR6. 员工发展与晋升机会是否平等
CSR7. 在线零售商是否遵循《中华人民共和国劳动合同法》，提供相应的保险与福利
CSR8. 在线零售商是否保障员工的健康与安全
CSR9. 在线零售商是否为员工提供良好工作环境
CSR10. 在线零售商是否对员工进行培训与规划职业发展
CSR11. 在线零售商销售的产品与提供的服务是否安全合格
CSR12. 在线零售商是否真实、全面地披露产品和服务的信息
CSR13. 在没有得到同意的情况下，在线零售商是否泄漏或非法使用消费者个人信息
CSR14. 在线零售商是否进行夸大虚假广告宣传
CSR15. 在线零售商网站客服是否能迅速响应消费者需求
CSR16. 在线零售商是否迅速、有效地处理消费者抱怨和退货要求
CSR17. 在线零售商是否公平对待每一位消费者
CSR18. 在线零售商是否提供安全的支付服务
CSR19. 在线零售商是否与供应商、物流服务商等签订公平合同
CSR20. 在线零售商是否监督供应商的劳工政策、环保措施、安全措施、产品质量等
CSR21. 在线零售商是否公平地对待竞争者
CSR22. 在线零售商是否捏造、散布虚假事实损害对手声誉

初始测量题项
CSR23. 在线零售商是否对商业伙伴诚实守信
CSR24. 在线零售商是否缩减企业活动对环境的影响
CSR25. 在线零售商是否采用环保型包装材料,循环使用配送包装。
CSR26. 在线零售商是否向公众宣传环保意识,树立和谐自然的观念
CSR27. 在线零售商是否支持公益活动或进行慈善捐款
CSR28. 在线零售商是否将企业利润的一部分用于回馈社会,帮助解决社会问题
CSR29. 在线零售商是否支持公共文化、教育、体育、卫生健康等事业
CSR30. 在线零售商是否为社会弱势群体提供教育、住房、经济等帮助
CSR31. 在线零售商是否遵守互联网经营的法律法规
CSR32. 在线零售商是否依法纳税,协助政府提供社会公共利益

3.1.2　试调查

为保证正式问卷的有效性,本次研究首先进行了小样本的试调查。试调查问卷总体包括三部分内容。第一部分,问卷筛选题项。由于本调查的研究对象为在线零售商的企业社会责任行为,故而问卷设置筛选题项:被访者回答平均一周网购次数。从不网购的被访者不需作答。第二部分,基于消费者视角的在线零售商企业社会责任维度测量量表。共包括 32 个题项,考查消费者对在线零售商企业社会责任评价指标。问卷适用李克特量表 7 刻度计分法进行评价:1 分代表"非常不关注",2 分代表"比较不关注",3 分代表"不关注",4 分代表"不确定",5 分代表"关注",6 分代表"比较关注",7 分代表"非常关注"。第三部分,被访者个人信息。问卷通过网络方式发放,通过 QQ、微信发放给同学朋友,并借助"滚雪球"的方式,由被访问者继续向外发放。共回收 151 份填写样本,去除明显答题不认真的答卷(如全部 7 分,全部 1 分,全部 4 分,以及明显规律的评分),有效问卷 89 份。

1. 试调查被访者描述性分析

第一,被访者的男女性别比例为 1:2,符合被访问条件的女性居多,在中国家庭中,负责日常网络购物主要为女性,这个比例基本跟实际的消费群体一致,如图 3.1 所示。

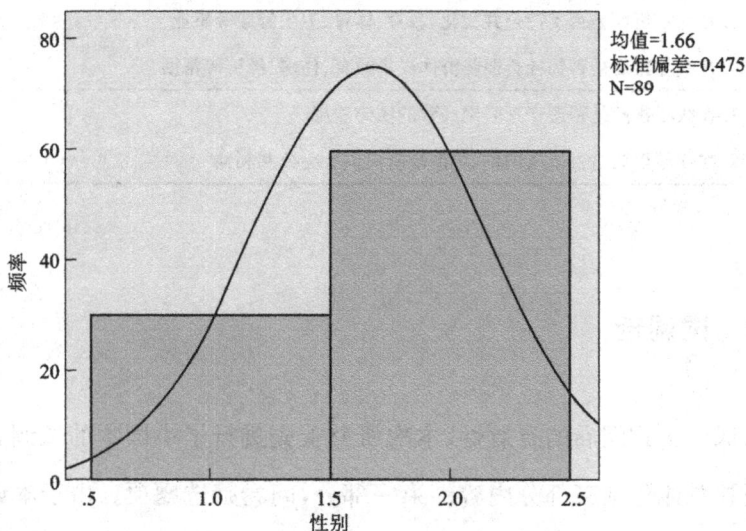

图 3.1　试调查被访者的性别结构

第二,被访者的年龄分布状况显示,31~40 岁是被访者的主要人群,这部分群体属于中国社会的中坚力量,是消费的主力军,如图 3.2 所示。这部分消费者也是在线零售商应该重点研究的人群。

第三,通过被访者学历状况分析,发现受过高等教育的本专科受访者居多,基于较高的受教育水平思想开放、有较强的消费意识,如图 3.3 所示。这部分消费者是本书应该重点关注的群体。

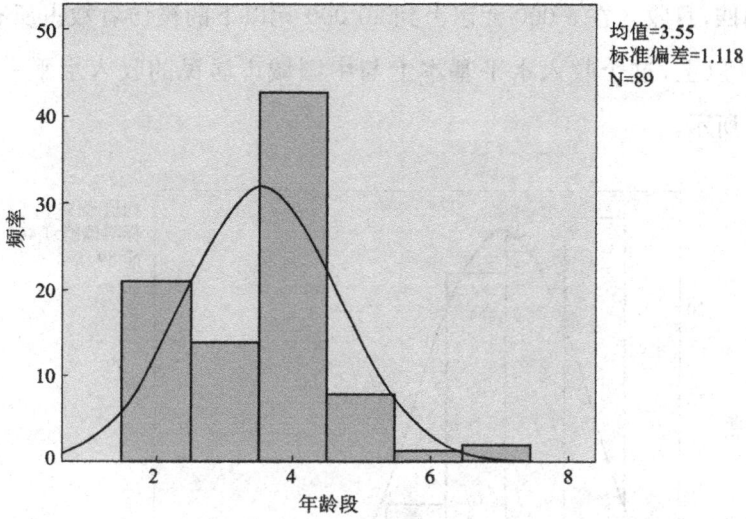

均值=3.55
标准偏差=1.118
N=89

图 3.2　被访者年龄分布

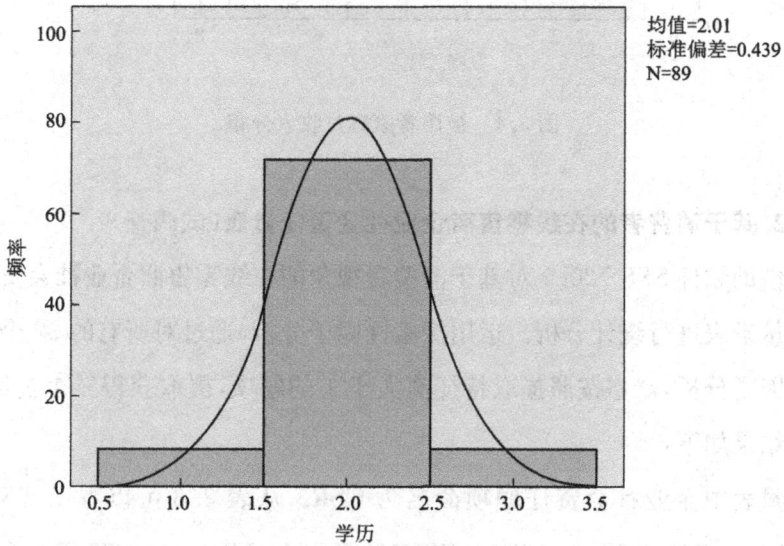

均值=2.01
标准偏差=0.439
N=89

图 3.3　被访者学历状况分布

第四,月收入在 5 000 元以上到 20 000 元以下的被访者数占所有被试的 60％以上,这个收入水平基本上与中国城市居民的收入水平一致,如图 3.4 所示。

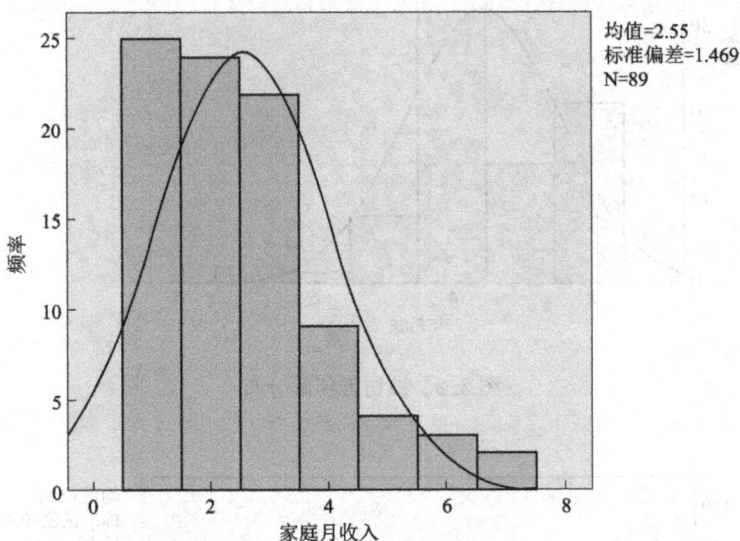

图 3.4　被访者家庭月收入分布

2. 基于消费者的在线零售商企业社会责任量表(试调查)

借助软件 SPSS 20.0 对基于消费者视角的在线零售商企业社会责任维度测量量表进行统计分析。运用探索性因子分析,通过对所有的 32 个题项进行因子分析,严格按照提取特征值大于 1 的题项,提取获得三个公因子。统计结果如下:

量表中企业社会责任题项命名为 CSR_n,从表 3.3 可以看出 CSR18、CSR15、CSR16、CSR20、CSR14、CSR23、CSR11、CSR13、CSR22 等 9 个题项构成了第一个因子,因子荷载介于 0.680～0.810;CSR30、CSR29、CSR28、CSR27、CSR26、CSR25、CSR32 等 7 个题项构成了第二个因子,因子荷载在

0.613~0.907 之间；CSR6、CSR7、CSR5、CSR8、CSR2、CSR9、CSR1 等 7 个题项构成了第三个因子，因子荷载在 0.622~0.781。题项归入公因子的结果与前面的分析略有差异。第一个因子重点表达的是与消费者有关的责任因素，本书暂且将其命名为"消费者责任因子"。第二个因子重点是其他外部的企业责任因素，如环保、慈善、法律等因子，本书暂且将其命名为"企业外责任因子"（消费者视角的企业外因子）。第三个因子重点是企业内部的责任因素，如股东、债权人以及员工等，本书暂且将其命名为"企业内责任因子"。从结果中可以探测到一个非常重要的信息，即如果从利益相关者视角对在线零售商应该承担的企业社会责任进行细分，能够得到包括员工的责任、环境的责任、社区的责任、消费者的责任等在内的维度。但从消费者的角度，首先会分为两类：与自己有关的以及与自己无关的。与自己无关的因子，消费者又会从企业的视角分为企业内部的因子和企业外部的因子，具体见表 3.3。本书将在正式的研究中进一步验证该分类的有效性。

表 3.3　试调查因子分析

题　项	因　子		
	1	2	3
CSR18	0.810	——	0.368
CSR15	0.772	——	0.393
CSR16	0.745	0.312	0.384
CSR13	0.716	——	0.501
CSR11	0.715	——	0.557
CSR20	0.711	0.567	0.509
CSR17	0.681	——	0.508
CSR14	0.680	0.393	0.371
CSR19	0.644	0.597	0.382
CSR12	0.627	0.329	0.564
CSR31	0.598	0.535	0.304

续上表

题　　项	因　子		
	1	2	3
CSR23	0.590	0.484	0.362
CSR22	0.586	0.472	—
CSR30	—	0.907	—
CSR29	—	0.896	—
CSR28	—	0.860	—
CSR27	—	0.848	—
CSR26	0.395	0.745	—
CSR25	0.392	0.718	—
CSR24	0.531	0.641	0.302
CSR21	0.569	0.634	—
CSR32	0.374	0.613	—
CSR6	0.321	—	0.781
CSR7	0.538	—	0.694
CSR5	0.528	—	0.693
CSR4	0.406	0.577	0.691
CSR10	0.490	0.557	0.683
CSR8	0.460	—	0.676
CSR2	—	0.446	0.674
CSR9	0.449	0.352	0.666
CSR1	—	0.323	0.662
CSR3	0.581	—	0.601

除去没有问题的题项,测试问卷中仍有其他多个题项存疑。即使将其归入某一公因子,也存在需要调整的地方,如 CSR17、CSR19、CSR24、CSR4、CSR3、CSR31 等题项出现交叉负荷且因子负荷相当,说明原问卷在题项表达中仍存在问题,需要对个别语义语句进一步修正。而 CSR11(在线零售商销售的产品与提供的服务是否安全合格)与 CSR13(在没有得到

顾客同意的情况下,在线零售商是否泄漏或非法使用消费者个人信息)、CSR12(在线零售商是否真实、全面地披露产品和服务的信息)、CSR4(在线零售商的会计与审计是否合法合规)、CSR22(在线零售商是否捏造、散布虚假事实损害对手声誉)分别在原始量表中承载了顾客责任要素、企业要素以及中间商要素,但在因子分析中都与另外两个因子有交叉负荷。可以解释的理由与消费者视角的企业的社会责任变化有关,在今天的网络零售中消费者默认企业能够依据相关法律法规提供安全合格的产品和服务以及不泄露消费者个人信息。因此,在正式问卷中将对这些题项的描述方式进行修改或重新编写。另外对无法解释和无法重新归类的交叉负荷严格考虑,可以删除。通过题项的修正和删减,最终形成本书的正式问卷(见附录一)。

3.2 正式调研

3.2.1 数据收集

问卷总体包括两部分,首先通过平均网购时间的删选题项,保证参加调查者都是有网购经验的消费者。测量问卷的第一部分是关于消费者感知的在线零售商社会责任维度问卷,共包括 22 个题项。问卷采用李克特量表进行评价,用数字 1 到 7 表示被访问者对在线零售商社会责任的关注程度从"非常不关注"到"非常关注"。问卷的另一部分是对被访者的人口统计变量的基本调查,包括性别、年龄、职业、家庭月均收入等。

考虑到本书是关于在线零售商企业社会责任问题,本问卷的调查者具有丰富的网络使用和消费行为,本次问卷调查采用网上发放问卷的形式,借助微信及 QQ 将问卷发送给朋友、同事和同学等。问卷共回收 619 份,剔除 31 份无网购经验的问卷后,本书对剩余问卷进行了仔细筛选,去除明显不认真填写的问卷(如全部选 1、全部选 7、全部选 4 以及明显的"Z"等),并去除重要问题遗漏未作答的问卷。最后,本次问卷调查获得有效问卷 404 份,有效率为 65.2%。

3.2.2　样本特征的基本分析

第一,在性别比例方面,与试调查相比,男性的比例略微提高一些,男女比例为 4∶6。由于中国家庭日常购买活动通常由女性负责,故而这个调查比例能真实反映网购消费者的实际情况,如图 3.5 所示。

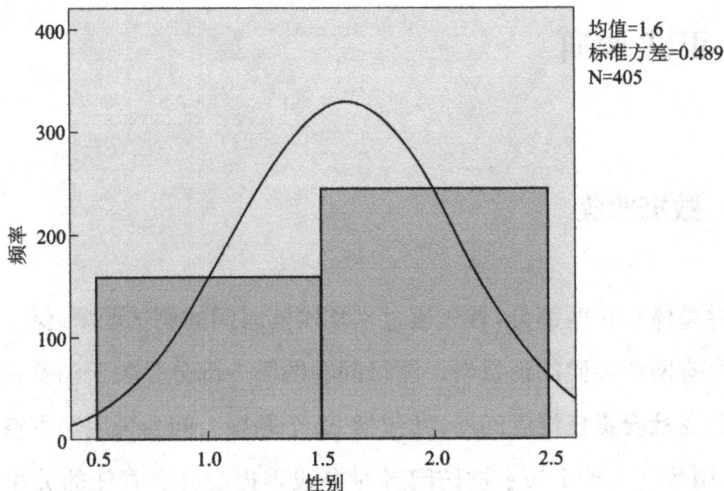

图 3.5　被访者性别分布

第二,在年龄分布方面,通过问卷最先的筛选题目(平均每月网购次数),31 份无网购经验的被访者年龄都在 60 岁以上,这也符合目前网购的主要群体为 18 岁到 40 岁年龄范围。通过数据分析可以发现本书主要被访问者也集中于这个年龄段,如图 3.6 所示。

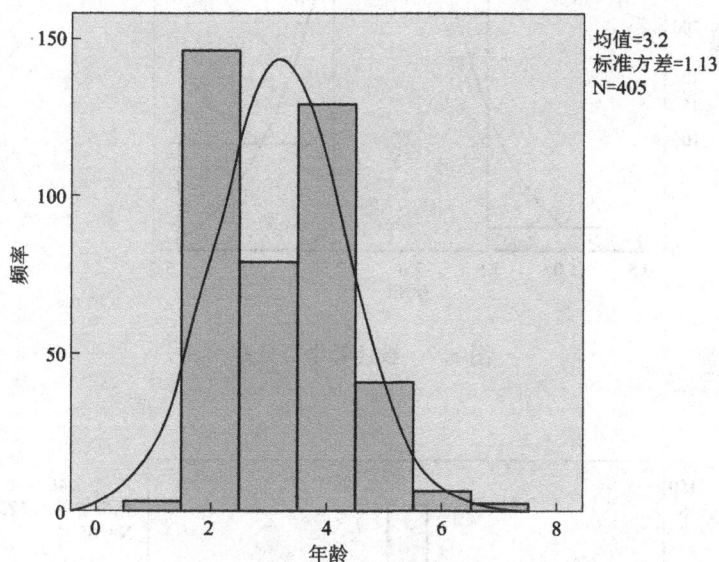

图 3.6　被访者年龄分布

第三,受教育程度方面。网购的群体中受过高等教育的人较多,在本书的被访者中,这部分人群也占据了最大的比例,如图 3.7 所示。

第四,在收入方面,个人消费受个人收入影响,但决定因素为家庭收入。例如,在校大学生虽然个人收入水平不高甚至没有,但大学生早已成为目前网购市场中的重要构成。因此,本书考查被访者的收入以"家庭收入"为准。在家庭月平均收入方面,收入在 10 000 元左右的人群占被访者的最大比例,如图 3.8 所示。

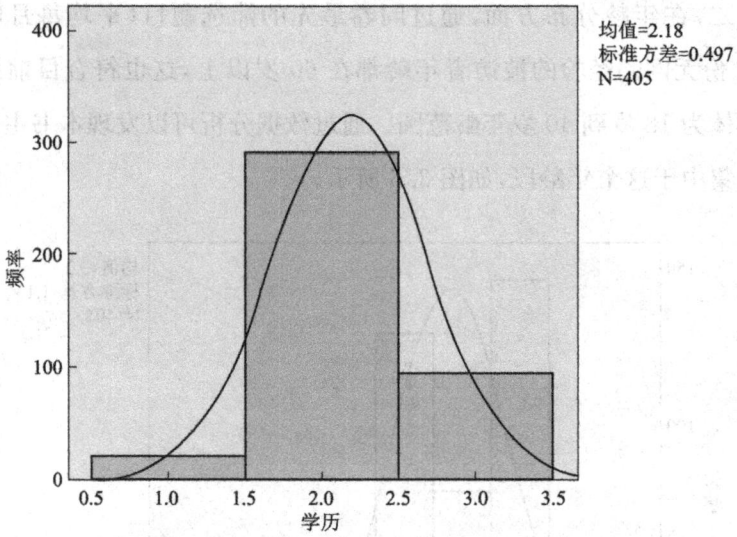

均值=2.18
标准方差=0.497
N=405

图 3.7　被访者学历分布

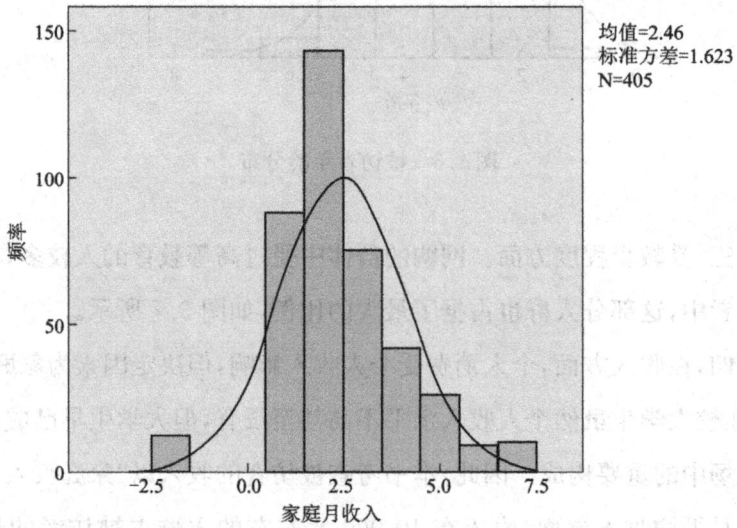

均值=2.46
标准方差=1.623
N=405

图 3.8　被访者家庭月收入分布

通过图 3.5 到图 3.8 的分析,可以看到样本的分布基本上满足本书对网络购物消费者的被访者分布需求。被访者基本信息的统计及分布见表 3.4 和表 3.5。

表 3.4　被访者个人信息分析

统计变量	最小值	最大值	均　值	标准差	方　差
性别	1	2	1.60	0.490	0.240
年龄	1	7	3.20	1.128	1.272
学历	1	3	2.18	0.498	0.248
家庭月收入	1	7	2.60	1.434	2.057

表 3.5　被访者个人信息统计表

统计变量		频　次	占比(%)	累计百分比(%)
性别	男	160	39.5	39.5
	女	244	60.5	100.0
	合计	404	100.0	—
年龄	18 岁以下	3	0.7	0.7
	18~25 岁	146	36.0	36.8
	26~30 岁	79	19.5	56.3
	31~40 岁	129	31.9	88.1
	41~50 岁	39	9.9	98.0
	51~60 岁	6	1.5	99.5
	60 岁以上	2	0.5	100.0
	合计	405	100.0	—
学历	高中、中专及以下	20	4.9	4.9
	专科及本科	291	72.1	77.0
	硕士及以上	93	23.0	100.0
	合计	405	100.0	—

统计变量		频　次	占比(%)	累计百分比(%)
家庭月收入	5 000 元以下	89	22.0	22
	5 000～10 000 元	147	36.4	58.4
	10 000～15 000 元	78	19.3	77.7
	15 000～20 000 元	45	11.1	88.8
	20 000～30 000 元	26	6.4	95.2
	30 000～40 000 元	9	2.2	97.4
	50 000 元以上	10	2.5	100
	合计	404	100.0	—

3.2.3　基于消费者的在线零售商企业社会责任量表

　　试调查的结果中有一些题项的因子关系不够清晰,为正式的调查问卷提供了修改意见。本书将原有问卷中得分低及交叉负荷的题项去除,如"在线零售商是否及时向员工支付合理薪酬""在线零售商是否真实、全面地披露产品和服务的信息""在线零售商是否与供应商、物流服务商等签订公平合同""在线零售商是否监督供应商的劳工政策、环保措施、安全健康措施、产品质量等""在线零售商是否缩减企业活动对环境的影响"等,这些题项有的语义不清,有的内容涵盖了两个以上的因子。对个别题项进行了表述修改,以更加准确反映企业社会责任内容。修改后的题项见表3.6。

表 3.6　基于消费者的在线零售商企业社会责任量表

题　　项
A1. 在线零售商是否有长期的经营计划,实力强大
A2. 在线零售商是否向公众包括股东隐瞒经营状况
A3. 在线零售商是否创新网站经营,发展新业务,提高企业地位

题　项
A4. 在线零售商会计与审计是否合法合规
B1. 在线零售商是否及时向员工支付合理薪酬
B2. 在线零售商是否为员工提供相应的保险与优厚的福利
B3. 在线零售商是否公平对待员工,保障员工的职业健康
B4. 在线零售商是否为员工提供良好的工作环境
C1. 在线零售商是否有夸大宣传、虚假广告
C2. 在线客服是否能迅速响应顾客购买需求
C3. 在线零售商是否能很好地处理顾客抱怨和退货要求
C4. 在线零售商是否提供安全的支付服务
D1. 在线零售商是否对商业合作伙伴诚实守信
E1. 在线零售商是否减少不必要包装,使用环保包装材料
E2. 在线零售商是否循环使用配送包装
E3. 在线零售商是否向公众宣传环保意识,树立和谐自然的观念
E4. 在线零售商是否一毛不拔、拒绝捐赠,不回报社会
E5. 在线零售商是否支持社会文化、教育、体育、卫生健康等事业
E6. 在线零售商是否为社会弱势群体提供教育、住房、经济等帮助
G1. 在线零售商是否遵守互联网经营的法律法规
G2. 在线零售商是否非法泄露用户的信息
G3. 在线零售商是否偷税漏税

3.3　因子分析

3.3.1　探索性因子分析

本次市场调查共收集了 404 份有效问卷。将问卷通过随机的方式分为两个样本,首先对第一部分的样本进行探索性因子分析。统计分析使用的是 SPSS20.0 软件,具体见表 3.7。

表 3.7 抽样适合性和巴利特检验

抽样适合性(Kaiser-Meyer-Olkin,KMO)值		0.958
巴利特球形检验	近似卡方	5 444.052
	自由度	300
	显著度	0.000

经过主成分因子分析,这部分问卷的 KMO 值为 0.958,大于 0.8,并且数值较高;同时,巴利特的球形检验结果显著性也为 0.000。这都表明样本非常适合进行因子分析。基于试调查的结果,继续对正式问卷进行因子分析,具体见表 3.8。

表 3.8 探索性因子分析

题 项	因子 1	因子 2	因子 3	因子效度	解释方差%	累积解释方差%
E5	0.802					
G1	0.790					
E2	0.766					
E4	0.754					
E3	0.754	—	—	0.965	32.225	32.225
E6	0.730					
G2	0.713					
E1	0.698					
D1	0.678					
G3	0.668					
A4		0.786				
A1		0.780				
A2		0.774				
A3	—	0.762	—	0.947	26.506	58.732
B2		0.724				
B1		0.714				
B4		0.675				
B3		0.669				

续上表

题　　项	因子 1	因子 2	因子 3	因子效度	解释方差%	累积解释方差%
C4			0.862			
C3	—	—	0.837	0.880	17.196	75.927
C1			0.763			
C2			0.735			

旋转后的因子负荷结果,与试调查的分析结果一致。因子 1 为企业外责任因子,由题项 E1～E6、G1～G3、D1 构成,即包含传统意义上的慈善、环保、法律、社区以及外部合作伙伴等,因子负荷在 0.668～0.802 之间;因子 2 为企业内责任因子,由题项 B1～B4 和 A1～A4 构成,即从企业考虑的股东、债权人以及员工等,因子负荷在 0.669～0.786 之间;因子 3 为消费者责任因子,由题项 C1～C4 构成,因子负荷在 0.735～0.862。

3.3.2　验证性因子分析

在探索性因子分析之后,采用另外的一半样本进行探索性因子分析。所用的统计分析工具为软件 AMOS 21。

1. 初始模型的构建

验证性因子分析将在探索性因子分析结果上运用结构方程(SEM)对基于消费者的在线零售商社会责任维度进行检验。用 CCSR 代表基于消费者的在线零售社会责任,用 FA1～FA3 代表三个公因子,这四个变量是模型的潜在变量。A1～G3 代表了 22 个题项,这些变量是模型的观察变量。所有的潜变量和观察变量均设置残差,模型共有 25 个残差变量(e1～e22 和 r1～r3)。初始模型的路径系数默认值为 1,如图 3.9 所示。

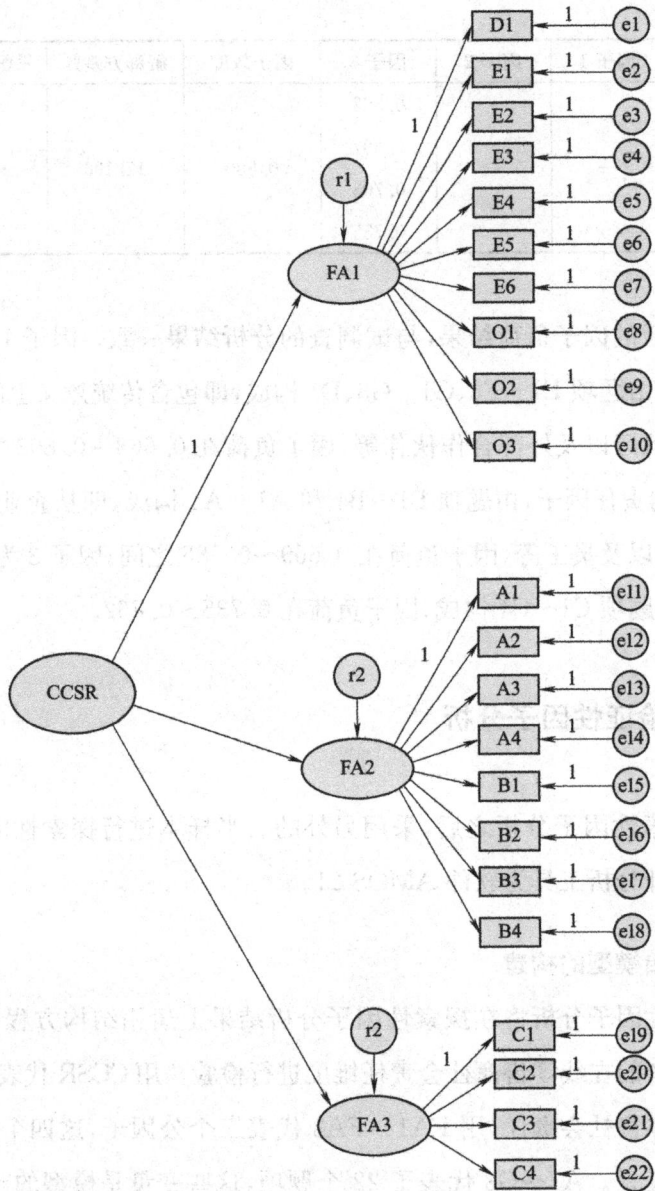

图 3.9　基于消费者的在线零售商 CSR 模型初始路径图

2. 初始模型检验和修正

表 3.9 是初始模型的适配度指数表。根据邱皓政(2012)的模型检验指标,样本数据的适配度的 GFI 和 AGFI 越接近 1 表明模型的拟合度越好。一般情况下,GFI 的值大于 0.9 代表了模型可以解释观察数据,模型可接受;AGFI 数值大于 0.9 代表了模型不受复杂度影响。这两个指标从表中可以看出,初始模型路径没有达到适配要求,初始模型不能被接受。但代表模型的精简度的 PNFI 和 PGFI 两个指标均达标,这表示初始模型比较精简。初始模型的适配度指标,见表 3.9。

表 3.9 初始模型的适配度检验

模型适配度指标	统计测量值	判断基准
χ^2(卡方)	738.467	靠近自由度
自由度(d.f.)	206	越大越好
显著性概论	0.000	>0.05
χ^2/d.f.	3.585	<2
适配度指数(GFI)	0.727	>0.9
调整适配度(AGFI)	0.665	>0.9
近似误差均方根残差(RMSEA)	0.113	<0.05 或 0.08
turker-lewis(TLI)	0.807	>0.9
比较适配度指数(CFI)	0.828	>0.9
增值适配度指数(IFI)	0.829	>0.9
简约规范适配度指数(PNFI)	0.694	>0.5
简约适配度指数(PGFI)	0.738	>0.5

表中的数据显示,初始模型一些检测指标不够理想。初始的模型需要根据运行结构的修正意见进行调整。修正后的模型如图 3.10 所示。

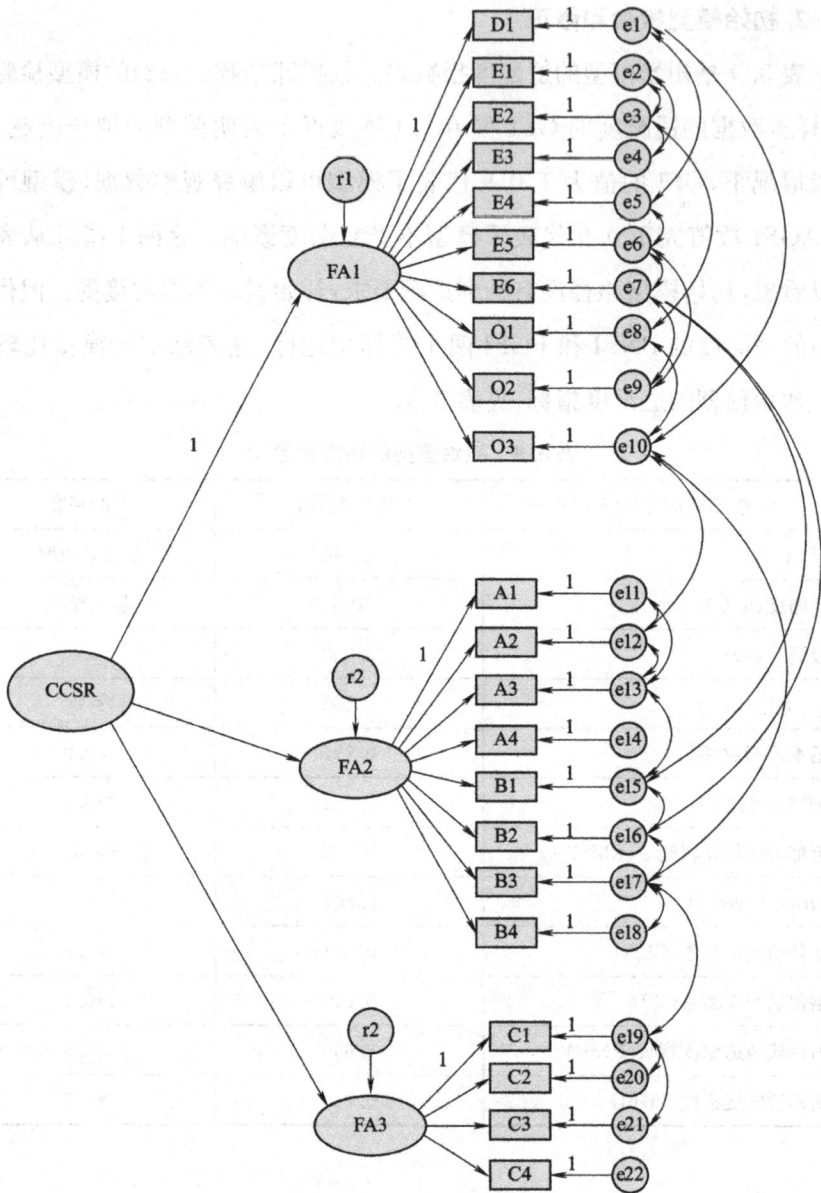

图 3.10 模型修正路径图

3. 模型修正后的评估

对修正后的模型进行以下评估：整体适配度、组合信度和平均方差抽取量。

(1)整体适配度评价

通过增加残差项的协方差矩阵，修正模型的各项指标达到了可接受的水平。修正模型的整体拟合指数见表 3.10。从表格数据分析，代表绝对拟合指数的 GFI 和 AGFI 大于 0.9，RMSEA 小于 0.05；代表增值拟合指数的 CFI 和 NFI 均大于 0.9；代表简约指数的 IFI，PNFI 和 PGFI 均大于 0.9；指标符合拟合要求。

表 3.10　修正模型的整体拟合指数

模型适配度指标	统计测量值		判断基准
χ^2（卡方）	738.467	244.163	靠近自由度
自由度(d.f.)	206	181	越大越好
显著性概论	0.000	0.001	>0.05
χ^2/d.f.	3.585	1.349	<2
适配度指数(GFI)	0.727	0.901	>0.9
调整适配度(AGFI)	0.665	0.862	>0.9
近似误差均方根残差(RMSEA)	0.113	0.042	<0.05 或 0.08
turker-lewis(TLI)	0.807	0.974	>0.9
比较适配度指数(CFI)	0.828	0.980	>0.9
增值适配度指数(IFI)	0.829	0.980	>0.9
简约规范适配度指数(PNFI)	0.694	0.726	>0.5
简约适配度指数(PGFI)	0.738	0.768	>0.5

(2)组合信度和平均方差抽取

通过结果分析，因子 FA1、FA2、FA3 的内部组合信度分别为 0.910 1、0.917 4 和 0.813 9，均大于 0.6，说明修正模型的内在质量较好。因子

FA1、FA2、FA3 的平均方差抽取量（AVE）分别为 0.523 6、0.596 3 和 0.533 3,均大于 0.5,说明各因子的题项收敛度较好。各因子的组合信度及 AVE 值见表 3.11。

表 3.11　模型的修正内在结构适配度检验

因　子	组合信度	AVE 值
FA1	0.910 1	0.523 6
FA2	0.917 4	0.596 3
FA3	0.813 9	0.533 3

综上所述,量表适合进行因子分析,验证性因子分析的模型适配指标也显示模型总体上适配度较好,验证了基于消费者的在线零售商社会责任维度的假设。原假设 H1a、H1b、H1c 被验证。

4. 因子分析结果讨论

通过探索性因子分析与验证性因子分析,初步可以得出基于消费者视角的在线零售商社会责任包含三个维度结构,下面将对这三个维度进行分析。

第一个因子包括 10 个题项,其主要的题项都是关于除消费者以外的企业外部因素,如商业伙伴、环保、慈善、政府、法律等。这些题项共同归入一个因子,表示它们在消费者的视角中具有一致性的因素。表 3.12 的 10 个题项或许在企业和理论研究者的视角里,分属于不同的企业社会责任内容,但在消费者的视角中它们都是非消费者的企业外部责任因素,与企业内部责任因素不同。因此,本书将这个因子命名为"企业外部责任因子"。这一因子的内容维度代表了消费者对企业外部责任的关注方向。每个题项的因子负荷也代表了题项对因子的贡献度大小,从题项的因子负荷来看,消费者最关注的当属在线零售商的慈善类活动,如"在线零售商是否支持社会文化、教育、体育、卫生健康等事业""在线零售商一毛不拔,拒绝捐赠,不回报社会""在线零售商是否为社会弱势群体提供教育、住房、经济等帮助"等,这实际上表达了消费者对在线零售商应以"更慈善"形象经营的要求。"在线零售商是否遵守互联网经营的法律法规"这一题项的因子负荷也非常高,这一社会责任要求实际是消费者对目前仍然存在的互联网经营乱象的反应。近几年中国网络零售一直处于高速增长的状态,其间也伴随着各种问题的出现。与传统的经营不同,网络零售具有了更多的不确定性因素,消费者要求企业能遵守互联网经营的法律法规,依法提供合格的产品和服务,依法提供合规的售后服务,依法使用消费者的网络个人信息等。第三个因子负荷较高的题项是有关外部责任中的环保。网络零售虽然并不直接涉及生产,但随着消费者自身的环保意识不断提高,消费者对自己经常购物的在线零售商的环保经营也提出了要求,包括网络销售过程中的不必要包装、环保包装以及可循环使用的配送包装,这些都是在线零售商可以考虑的因素。另外,消费者也比较关注在线零售商是否偷税漏税以及经营中诚实守信问题。

表 3.12　在线零售商企业外部责任因子构成题项

题　项	因子负荷
D1. 在线零售商是否对商业合作伙伴诚实守信	0.678
E1. 在线零售商是否减少不必要包装,使用环保包装材料	0.698
E2. 在线零售商是否循环使用配送包装	0.766
E3. 在线零售商是否向公众宣传环保意识,树立和谐自然的观念	0.754
E4. 在线零售商是否拒绝捐赠	0.754
E5. 在线零售商是否支持社会文化、教育、体育、卫生健康等事业	0.802
E6. 在线零售商是否为社会弱势群体提供教育、住房、经济等帮助	0.730
G1. 在线零售商是否遵守互联网经营的法律法规	0.790
G2. 在线零售商是否非法泄露用户的隐私信息	0.713
G3. 在线零售商是否偷税漏税	0.668

第二因子共包括 8 个题项。该因子的主要题项是关于企业内部责任类目,如因子负荷较大的题项"在线零售商的会计与审计是否合法合规""在线零售商是否向公众包括股东隐瞒经营状况"等,这些题项都代表了消费者对在线零售商合法合规经营的要求,见表 3.13。在线零售商的经营相比传统企业具有更多新的风险,消费者对企业合法合规对待股东及公众的态度也都反映了在线零售商的信誉,与题项"在线零售商是否有长期的经营计划,实力强大"一样,对消费者形成对企业的信任非常重要。另外,消费者也比较关注是否保障员工的相关权益,如保障员工的薪酬、工作条件等方面,一个对员工都无法负起责任的公司,消费者无法相信其经营中的"善意",也就无从谈起信任了。这些题项虽然都是消费者关注的责任项目,但与第一个因子包含题项的核心内容不同,它们都属于企业内部的责任,这些责任承担与否是跟企业自身关系最密切、最直接的。也因此将这一因子命名为"企业内部责任因子"。

表 3.13　在线零售商企业内部责任因子构成题项

题　　项	因子负荷
A1. 在线零售商是否有长期的经营计划,实力强大	0.780
A2. 在线零售商是否向公众包括股东隐瞒经营状况	0.774
A3. 在线零售商是否创新网站经营,发展新业务,提高企业地位	0.762
A3. 在线零售商的会计与审计是否合法合规	0.786
B1. 在线零售商是否及时向员工支付合理薪酬	0.724
B2. 在线零售商是否为员工提供相应的保险与优厚的福利	0.714
B3. 在线零售商是否公平对待员工,保障员工的职业健康	0.669
B4. 在线零售商是否为员工提供良好的工作环境	0.675

第三个因子包括 4 个题项。这四个题项都是关于消费者自身的,因此

该因子被命名为"消费者责任因子"。虽然在问卷的前期设计和试调查中有更多关于消费者责任的题项,但不少题项或因得分过低被删除,或因本质上可以属于法律的问题,保留到正式问卷的只有 4 个题项。表 3.14 的 4 个题项中,"在线零售商是否提供安全的支付服务"的因子负荷最高,代表了目前中国消费者对网络购物的最重要的要求。网络支付与资金安全问题频频,网络购物中需要涉及的在线支付仍然是阻挡一部分消费者加入网购大军的主要障碍。在调查问卷中均设置了每月平均网购次数的筛选题目,试调查与正式问卷中共有 51 份无网购经验的问卷,比例超过所有被访问者的6%。由于本次试调查与正式调研均通过网络发放问卷,被访问者都是有网络使用经验者,因此可以预测这个比例在全部人群中将会更高。如何更好地保障消费者的支付安全仍是今后在线零售商应该重点关注的消费者责任。因子负荷分值第二的题项是"在线零售商是否能很好地处理顾客抱怨和退货要求",与题项"在线零售商网站客服是否能迅速响应顾客购买需求"一样,反映的是消费者对在线零售商售前售中售后的各项服务要求,这也是目前中国消费者非常关注的问题。网络购物无法真实感受商品的品质,其先天就带有诸多的"不确定性"。在线零售商如何让消费者充分信任,果断下单支付购买商品? 充分的售前售中的服务答疑以及售后的重要保障:退换货无忧。正因如此,目前大部分品牌商城均有"无忧售后"等政策。第三个题项中的"在线零售商是否有夸大宣传、虚假广告"也获得了消费者的高度关注。这些题项是今后在线零售商应着力提升的社会责任内容。

表 3.14　在线零售商消费者责任因子构成题项

题　项	因子负荷
C1. 在线零售商是否有夸大宣传、虚假广告	0.763
C2. 在线零售商网站客服是否能迅速响应顾客购买需求	0.735

题　项	因子负荷
C3.在线零售商是否能很好地处理顾客抱怨和退货要求	0.837
C4.在线零售商是否提供安全的支付服务	0.862

3.4　聚类分析

3.4.1　消费者聚类

通过前面的分析,已经确立消费者感知的在线零售商社会责任因子。基于因子分析的结果,可以依据消费者对各维度的态度对有效的样本进行聚类分析。因样本量为 404 个,数量较大,故采用快速聚类法(K-均值聚类)。通过设置不同的聚类数量比较聚类结果的方差,确定了最优的聚类数量为 4。方差分析的结果表示,4 个消费者群体在因子 FA1 至因子 FA3 上具有显著差异,具体见表 3.15。本书对这个消费者群体进行命名,并分析其行为特点,以帮助在线零售商更好地理解在线消费者。

表 3.15　聚类后责任因子的方差分析

题　项	聚　类		误　差		F　值	显著度
	均　方	自由度	均　方	自由度		
$F1$	80.647	3	0.403	400	200.293	0.000
$F2$	77.338	3	0.427	400	180.920	0.000

续上表

题　项	聚　类		误　差		F　值	显著度
	均　方	自由度	均　方	自由度		
F3	84.156	3	0.376	400	223.626	0.000

3.4.2　消费者群组分析

根据各消费者群组在 3 个因子中的差异化,可以对形成的 4 个群组进行命名与分析,见表 3.16。第一类消费者关注除企业内部责任外的两大类企业社会责任,这类消费者比较关注企业有没有承担与消费者有关的企业社会责任,也非常关注在线零售商是否参与和企业直接利益并不相关的其他企业社会责任,如在线零售商是否参与到慈善、环保以及相关社区责任中。但对于在线零售商承担与企业自身关系非常密切的内部责任的态度很明确:这是企业自身经营应该做的,并不认为是企业承担了额外的企业社会责任。这类消费者对企业社会责任的理解和关注完全是传统责任观念,关注的是企业外部社会责任是否履行。本书将这类消费者称为"外部责任关注者",这类消费者在样本中占 23%。

第二类消费者与第一类消费者不同,这类消费者对所有的在线零售商社会责任都表示或多或少的关注,因此,将这类消费者称为"全面责任关注者"。总体来说,这类消费者对消费者责任、企业外部责任以及企业内部责任都比较关注。聚类的结果显示,这类消费者占据样本总量的 35%,这也是所有的消费者群体中占比重最高的一类。

第三类消费者与前两类有非常大的区别,这类消费者只关注与消费者有关的企业社会责任,而对于企业是否承担了企业内部责任,如关注员工等毫不在意,甚至对企业承担与经营无直接关系的企业社会责任表现出负面态度。这类消费者对在线零售商企业社会责任的态度非常直接也非常现实，将这类消费者群体称为"利己责任关注者"。这类消费者在样本总量中占 25%。

第四类消费者对所有的在线零售商企业社会责任都表现出比较淡漠的关注。仅仅对顾客责任有一些关注，并且关注也并不是很多，对其他在线零售商企业社会责任完全不关注。将这一类消费者称为"责任淡漠消费者"。对这类消费者而言，企业的社会责任策略无论是内容还是沟通对其影响都不大。聚类的结果显示，这类消费者占据样本总量的 17%。

表 3.16　消费者的聚类分析

题　　项	群　　　组			
	外部责任关注者	全面责任关注者	利己责任关注者	责任淡漠消费者
FA1	0.846 08	0.427 97	−10.194 74	−0.276 29
FA2	−1.060 49	0.912 35	−0.302 15	−0.006 04
FA3	0.226 58	0.241 58	0.611 20	−1.722 16

通过聚类分析发现，对在线零售商而言，前三类消费者是最值得关注和影响的，他们对在线零售商的部分或全部企业社会责任比较关注。同时，对中国目前大部分消费者而言，企业承担不属于内部责任的社会责任更能吸引消费者的关注，第一类和第三类消费者仅关注企业外部的社会责任（包括消费者责任，环保、慈善、法律等），这些社会责任是企业在进行社会责任沟通中应该最多展现的部分，对企业而言，这两类消费者比较在意企业外部的社会责任承担，是企业可能通过恰当的企业社会责任策略打动的消费者。约有 35%的消费者开始认同企业的社会责任也应该包含企业内部的责任因素。另外有 17%的消费者仍然处于对企业的社会责任很淡漠的感知状态，具体见表 3.17。

表 3.17　在线零售商企业社会责任关注的消费者聚类分析

群　　　组	群　组	人　数	占　比
群　　　组	外部责任关注者	93	23%
	全面责任关注者	142	35%
	利己责任关注者	101	25%
	责任淡漠消费者	68	17%
合　计		404	100%

4 类消费者群组的人口统计特征也略有差别。通过分组的测量可以得到表 3.18、表 3.19。

表 3.18　四类消费者群体的均值比较

聚类群组		性　别	年　龄	家庭月收入	学　历
外部责任关注者	均值	1.70	3.19	2.37	2.20
	数量	93	93	93	93
	标准差	0.461	1.096	1.317	0.501
全面责任关注者	均值	1.53	3.18	2.71	2.12
	数量	142	142	142	142
	标准差	0.501	1.096	1.407	0.469
利己责任关注者	均值	1.60	3.17	2.77	2.21
	数量	101	101	101	101
	标准差	0.492	1.132	1.587	0.476
责任淡漠消费者	均值	1.63	3.29	2.44	2.24
	数量	68	68	68	68
	标准差	0.486	1.247	1.376	0.576

消费者视角的在线零售商企业社会责任研究

表 3.19　各群组消费者人口统计变量的描述分析

项　目		全样本	外部责任关注者	全面责任关注者	利己责任关注者	责任淡漠消费者
性别	男	39.6%	30.1%	47.2%	39.6%	36.8%
	女	60.4%	69.9%	52.8%	60.4%	63.2%
	合计	100.0%	100.0%	100.0%	100.0%	100.0%
年龄	18 岁以下	0.7%	—	1.4%	—	1.5%
	18～25 岁	36.1%	35.5%	33.8%	40.6%	35.3%
	26～30 岁	19.6%	21.5%	22.5%	15.8%	16.2%
	31～40 岁	31.9%	34.4%	31.0%	31.7%	30.9%
	41～50 岁	9.7%	6.5%	9.9%	9.9%	13.2%
	51～60 岁	1.5%	1.1%	1.4%	2.0%	1.5%
	60 岁以上	0.5%	1.1%	—	—	1.5%
	合计	100.0%	100.0%	100.0%	100.0%	100.0%
学历	高中及以下	5%	4.3%	5.6%	3.0%	7.4%
	专科及本科	72%	71.0%	76.8%	73.3%	61.8%
	硕士及以上	23%	24.7%	17.6%	23.8%	30.9%
	合计	100%	100.0%	100.0%	100.0%	100.0%
家庭月收入	0.5 万元以下	25.8%	15.5%	23.8%	27.9%	25.8%
	0.5 万～1 万元	38.7%	40.8%	29.7%	33.8%	38.7%
	1 万～1.5 万元	22.6%	19.7%	16.8%	17.6%	22.6%
	1.5 万～2 万元	4.3%	12.7%	14.9%	11.8%	4.3%
	2 万～3 万元	5.4%	6.3%	7.9%	5.9%	5.4%
	3 万～4 万元	1.1%	2.1%	4.0%	1.5%	1.1%
	5 万元以上	2.2%	2.8%	3.0%	1.5%	2.2%
	合计	100.0%	100.0%	100.0%	100.0%	100.0%

根据表 3.18 和表 3.19 可以对各组的人口特征有一些初步的了解。值得关注的有三点：第一，第一类消费者与第二类消费者具有明显的性别差异，第一类消费者中女性的比例高于总样本中的女性比例，而第二类消费者

中男性的比例又远高于总样本中的男性比例。从聚类分析结果分析,第一类消费者属于外部责任消费者,这类消费者比较感性,容易受到企业外部社会责任信息的影响。第二类消费者是全面责任关注者,这类群体中明显男性群体居多,这为企业社会责任策略实施提供一些实际的参考。第二,虽然从理论上受教育程度会影响消费者的企业社会责任感知,但调查的结果显示,受教育程度对消费者的在线零售商企业社会责任关注影响不显著,表现为第三类消费者利己责任消费者的学历均值属于 4 类消费者中略低的一类。第三,从分析结果看,前三类消费者群体的年龄层要比第四类消费者的年龄层略低,虽然数值并没有特别显著,但也提示在线零售商,年轻消费者普遍对企业社会责任的关注度要高于年龄较大的消费者,这预示着未来消费者对企业的社会责任要求只会越来越高。

3.5　基于消费者的在线零售商企业社会责任评价

通过上述研究,已经确定了基于消费者的在线零售商企业社会责任的维度构成,阐释了消费者评价在线零售商社会责任时主要关注的方向,也即确定了基于消费者视角的在线零售商企业社会责任评价的主要评价指标及因素构成。下面将通过主成分分析方法,确定各评价指标在评价在线零售商企业社会责任时的权重指标。对所有的评价指标(即量表题项)进行主成分分析之后,主成分方差特征值及方差贡献率见表 3.20。

表 3.20　主成分分析(未旋转的因子负荷)

评价指标	因子 1	因子 2	因子 3
A1	0.637	−0.338	0.371
A2	0.646	−0.433	0.241
A3	0.736	−0.357	0.206
A4	0.774	−0.297	0.277
B1	0.828	−0.282	0.099
B2	0.862	−0.238	0.129
B3	0.879	−0.148	0.11
B4	0.871	−0.207	0.062
C1	0.628	0.502	0.243
C2	0.664	0.458	0.225
C3	0.59	0.611	0.248
C4	0.504	0.657	0.301
D1	0.884	0.109	−0.08
E1	0.841	0.098	−0.15
E2	0.829	0.016	−0.264
E3	0.863	0.039	−0.212
E4	0.85	0.023	−0.226
E5	0.882	0.005	−0.263
E6	0.852	−0.122	−0.2
G1	0.87	0.087	−0.251
G3	0.81	−0.032	−0.148
G2	0.777	0.297	−0.22
主成分特征值	13.527	2.122	1.056
主成分方差贡献率	61.485	9.643	4.799

根据陈哲(2014)的计算方法,评价指标的权重可以通过三个步骤得到:

第一,计算评价指标在各主成分线性组合中的系数。如评价指标 M 在因子 1 中线性组合的系数由 M 在因子 1 的因子负荷和特征值计算。

$$\alpha_{M1} = X_{M1} \div \mathrm{sqrt}(EV_1) \tag{3.1}$$

其中，α_{M1} 代表了评价指标 M 在因子 1 中线性组合的系数，X_{M1} 代表了评价指标 M 在因子 1 的因子负荷，$\mathrm{sqrt}(EV_1)$ 代表了第一个因子的特征值的开方。

依次通过计算可得所有评价指标在 3 个因子的线性组合中的系数。

第二，计算评价在线零售商企业社会责任指标在综合评分中的系数。前 3 个主成分基本可以解释原量表 22 个评价指标。因此，22 个评价指标的系数可以看成是以这 3 个主成分方差贡献率为权重，对指标在这 3 个主成分线性组合中的系数做加权平均。因此，评价指标 M 在综合评分中的系数可以这样计算：

$$\beta_M = (\alpha_{M1} \cdot EV_1 + \alpha_{M2} \cdot EV_2 + \alpha_{M3} \cdot EV_3) \div (EV_1 + EV_2 + EV_3) \quad (3.2)$$

其中，β_M 代表了评价指标 M 在综合评分中的系数，α_{M1} 代表了评价指标 M 在因子 1 中线性组合的系数，EV_1 代表了第一个因子的特征值。

依次通过计算可得所有评价指标在综合评分中的系数。

第三，评价指标权重的归一化。通过对各评价指标在综合评分中的系数进行"归一化处理"，得到的即是每个评价指标的权重，见表 3.21。

表 3.21　评价指标权重

评价指标	各评价指标在因子中的系数			各评价指标在综合评分中的系数	评价指标权重
	因子 1	因子 2	因子 3		
A1	0.173	−0.232	0.361	0.496	0.036
A2	0.176	−0.297	0.235	0.483	0.035
A3	0.200	−0.245	0.200	0.564	0.041
A4	0.210	−0.204	0.270	0.607	0.044
B1	0.225	−0.194	0.096	0.641	0.046
B2	0.234	−0.163	0.126	0.676	0.049
B3	0.239	−0.102	0.107	0.700	0.050
B4	0.237	−0.142	0.060	0.683	0.049

续上表

评价指标	各评价指标在因子中的系数			各评价指标在综合评分中的系数	评价指标权重
	因子1	因子2	因子3		
C1	0.171	0.345	0.236	0.588	0.042
C2	0.181	0.314	0.219	0.610	0.044
C3	0.160	0.419	0.241	0.571	0.041
C4	0.137	0.451	0.293	0.511	0.037
D1	0.240	0.075	−0.078	0.725	0.052
E1	0.229	0.067	−0.146	0.684	0.049
E2	0.225	0.011	−0.257	0.657	0.047
E3	0.235	0.027	−0.206	0.690	0.050
E4	0.231	0.016	−0.220	0.677	0.049
E5	0.240	0.003	−0.256	0.698	0.050
E6	0.232	−0.084	−0.195	0.662	0.048
G1	0.237	0.060	−0.244	0.700	0.050
G3	0.220	−0.022	−0.144	0.643	0.046
G2	0.211	0.204	−0.214	0.653	0.047

综上,本书通过探索性因子分析和验证性因子确定了基于消费者的在线零售商企业社会责任维度量表后,可以借助该量表中的评价指标对在线零售商企业社会责任进行评价。通过消费者的评分可以得到消费者对该企业社会责任表现的综合评分:

$$Y = \sum_{M=A1}^{G2} (X_M \cdot \gamma_M) \tag{3.3}$$

其中,Y 代表了在线零售商企业社会责任,M 代表了评价指标,从 $A1$ 到 $G2$;X_M 代表了消费者对评价指标 M 的评分,γ_M 代表了评价指标 M 的权重。

3.6　本章小结

　　企业经营发展都应围绕消费者进行,企业的社会责任策略同样如此。只有建立了基于消费者的企业社会责任评价体系,才能为企业的社会责任策略选择和实施奠定基础。本章通过问卷调查的方式建立了基于消费者感知的在线零售商企业社会责任维度体系。在系统分析国内外研究者关于企业社会责任评价指标的基础上,本书从消费者的角度,构建了适用于在线零售商企业社会责任维度体系。通过试调查、探索性因子分析和验证性因子分析,验证了该量表具有较好的信度与效度。在因子分析中,本书指出基于消费者的在线零售商企业社会责任体系包含 3 个因子,分别为消费者责任因子、企业内部责任因子和企业外部责任因子。本章在实证研究的基础上对这 3 个因子进行了详细的分析,指出今后在线零售商应该重点关注哪些影响消费者的企业社会责任活动,为在线零售商的实际企业社会责任活动选择提供借鉴。

　　此外,本章还在因子分析的基础上进行了聚类分析。聚类分析得到了四类不同的企业社会责任态度的消费者,分别是外部责任关注者、全面责任关注者、利己责任关注者和责任淡漠消费者。围绕这些不同消费者群组,本书对每个群组的主要企业社会责任态度及人口统计特征进行了分析,对在线零售商的具体企业社会责任策略选择给出了相应的提示。

　　最后,本章在因子分析建立基于消费者的在线零售商企业社会责任维度量表的基础上,通过主成分分析的数据计算得到各评价指标对综合评分的权重,得出了从消费者角度评价在线零售商企业社会责任的方法。

第4章
基于消费者的在线零售商企业社会责任内容

第3章建立了基于消费者的在线零售商企业社会责任维度体系,在线零售商除了考虑要承担何种企业社会责任,还应考虑后续的企业社会责任策略。对于在线零售商而言,开展更能吸引消费者关注的企业社会责任活动,才能更好地提升企业的社会责任活动带给企业的效益。顾浩东和帕米拉·莫里森(Haodong Gu,Pamela Morrison,2009)指出,消费者会对企业实施的企业社会责任活动进行解读和感知,不同活动内容会被消费者解读为不同的活动目的和活动效益,进而也会产生差异化的响应。因此,企业需要选择恰当的企业社会责任策略来影响目标顾客及其行为。本章将从消费者的角度,通过实验的方法研究在线零售商企业社会责任活动的内容对消费者响应的影响。

4.1 研究假设

4.1.1 在线零售商企业社会责任内容类型与消费者响应

选择企业社会责任活动的内容是在线零售商实施企业社会责任策略的重要决策。企业社会责任活动的主要内容形式可以划分为两种不同的类型:制度型的企业社会责任和促销型的企业社会责任(皮尔斯,2007)。皮尔斯认为一个实施制度型的企业社会责任活动的公司将在涉及企业内外部利益相关者的主要评价类别中制定企业社会责任政策,从而满足更多利益相关者的需求。相比之下,实施促销型企业社会责任的企业会大大减少企业的社会责任利益相关者的类型数量,选择关注更短期的企业社会责任活动,这些活动通常与营销活动关系比较紧密。因此,学者们认为制度型的企业社会责任活动致力于长期的计划,目标是减少消费者对企业从事社会责任活动的动机产生怀疑,改善对企业的态度,进而提高消费者的忠诚度。而促销型的企业社会责任活动则更多被认为可以促进购买意愿。

关于企业社会责任内容的研究关注的多是不同类型的企业社会责任活动产生的差异化消费者响应,较少关注消费者自身在其中的影响。卢东(2006)在其论文中探讨了不同类型的企业社会责任活动会引发消费者产生的对公司的差异化评价,并且将消费者归因引入研究,研究结果显示企业差异化的社会责任活动能促使消费者产生不同的归因,进而产生不同的企业社会责任响应。但与其他研究者相似的是消费者归因本质上也是一种消费者反应,是消费者面对差异化的企业社会责任活动产生的不同归因和不同企业社会责任响应。真正从消费者类别的角度分析可以找到一条探究企业社会责任类型与消费者响应关系的新思路。同时,目前大部分关于企业社会责任内容类型研究都是基于传统行业,如卢东的研究中选择的是食品行业。但是,在线零售行业的消费者对于企业相关信息的获知与处理、对于企业的信任度等都与一般行业有所差异。因此,对一般行业研究的结果并不能直接用于在线零售行业的分析。

在线零售商可以将企业社会责任预算资金用于制度型企业社会责任活动,执行较为长期的企业社会责任活动计划,也可以追随社会热点,实施促销型企业社会责任活动。只有清楚在线零售商的企业社会责任内容类型差异形成的消费者感知与响应差异,才能为在线零售商提供决策依据。提出假设H2a:在线零售商的制度型企业社会责任内容比促销型企业社会责任内容更能提高消费者感知的企业社会责任表现。假设 H2b:在线零售商的促销型企业社会责任内容比制度型企业社会责任内容更能提高消费者购买意愿。

4.1.2　在线零售商企业社会责任活动匹配度与消费者响应

瓦达拉詹和梅农(Varadarajan,Menon,1988)认为,企业的社会责任活动匹配度是指企业社会责任活动与企业的战略定位、产品组合、品牌形象、市场地位及目标市场之间的关联度。福汉德和格里尔(Forehand,Grier,2003)认为,匹配度的高低会影响消费者对企业原有的态度认知,影响企业在消费者心目中的形象以及期望。匹配度的高低可能会促使消费者产生正面或负面的态度(福汉德、格里尔,2003),也会影响消费者对企业社会责任活动动机的评估(森、巴哈特塔查尔亚,2001;斯皮德、汤普森,2000)。黄静和刘秋玲(2014)也认为企业在进行社会责任活动时应以企业能力为前提,选择适当的企业社会责任营销活动塑造企业外部社会责任形象,同时做好企业内部的对应性营销。因此,选择适当的企业社会责任活动与企业的匹配度对在线零售商非常重要。

然而,学者们关于匹配度高低对消费者企业社会责任感知的影响作用的看法并不一致。有部分学者认为企业的社会责任活动与企业的匹配度越高,消费者越容易产生积极企业社会责任活动感知。吉尔伯特(Gilbert,1989)提出人在归因时一般会经历一个两阶段的过程:通常先是做内部归因,然后再对这个归因进行调整,把情境影响因素考虑进来。从这个角度考虑,当消费者面对企业社会责任活动时首先会进行内部归因(特质归因),然后会进行外部归因(情境归因)。因此,企业的社会责任活动与企业的匹配度越高,消费者获得的外部情境归因的信息就越多,消费者就越容易对企业的社会责任活动产生正面的动机感知,从而增加对企业社会责任的响应。

费斯克和泰勒(Fiske,Taylor,1991)认为公司拥有的消费者感知、品牌知识、公司的能力等与企业社会责任活动的高度匹配可以使企业的社会责任活动更容易通过传播进入消费者的认知结构,从而形成对企业较好的社会责任感知,这对加强企业的市场地位意义重大(凯勒,1993)。布朗和达辛(1997)也认为企业的社会责任活动与企业的高匹配度,能够产生清晰且正面的市场认知,促进消费者对企业形成差异化的品牌认知,降低消费者对企业产品的不确知,也能够提高消费者购买意愿。他们认为企业的社会责任活动与企业的低匹配度能带给消费者认知的不一致——来自之前对品牌的了解与企业的社会责任活动感知的冲突,因此也很难在原有的品牌知识框架体系中增加新的品牌知识。福汉德和格里尔(2003)通过研究证实,对品牌产生不一致认知的消费者会减少对品牌的好感,利益相关者也期待企业只捐助那些与企业核心业务相匹配的社会责任事件。

总之,这部分研究者重点从认知的角度研究了企业社会责任活动高/低匹配度的影响,认为高的企业社会责任匹配度更能够给企业带来高的企业社会责任感知与正面态度,相反,低的企业社会责任匹配度会带来矛盾的品牌认知和低的购买意愿。另外一些研究者从企业的社会责任活动动机的角度讨论了匹配度对消费者企业社会责任响应的影响。如布卢姆(Bloom,2006)在研究中发现企业社会责任活动与企业的低匹配度反而能带来更好的企业社会责任活动感知。主要的原因可能是企业社会责任活动与企业的低匹配度,使得消费者认为企业的"盈利"目的不是很明确,而"善意和真诚"才是企业社会责任活动的内在动机,故而产生更好的企业社会责任反应。

前人的研究虽然证明了企业社会责任匹配度差异对消费者响应的影响,却并没解释为什么消费者会产生这些差异化的反应。同时,消费者本身的个体差异也影响其对企业的社会责任活动感知。因此,将会结合消费者的个体动机差异,研究在线零售商企业社会责任活动匹配度对消费者响应的影响。提出假设 H3a:高匹配度的在线零售商企业社会责任活动能增强消费者购买意愿。假设 H3b:高匹配度的在线零售商社会责任活动能提高消费者感知的在线零售商企业社会责任表现。

4.1.3 消费者的调节定向与在线零售商企业社会责任内容

不同的消费者会表现出差异化的社会责任响应。希金斯提出的调节定向理论认为消费者可以分成促进定向型消费者和预防定向型消费者。促进定向的消费者更关注"获得",对理想和希望更加敏感,他们的思想开放而积极,并且更加进取,不断努力达到自己所预期的目标;而预防定向的消费者更关注"安全",对责任和义务更加敏感,他们思想较为保守,会努力扩大现状和不理想结果之间的差距,会相对谨慎地做出决策以避免出现消极的结果(希金斯,1998)。

因此,提出具体的研究假设 H6a:偏促进定向倾向可以增强制度型/促销型企业社会责任活动对消费者响应的影响。假设 H6b:偏促进定向倾向可以增强高/低企业社会责任活动匹配度对消费者响应的影响。假设 H6c:促进定向的消费者和预防定向的消费者对相同企业社会责任内容的响应存在差异。

4.1.4　消费者的企业社会责任响应

消费者的企业社会责任响应受企业的社会责任活动直接影响。企业可以通过承担社会责任活动增加消费者对产品的购买意愿(莫尔,2005;谢佩洪等,2009;周祖城,2010),通过履行企业社会责任建立消费者对企业和品牌的信任(崔范俊,2013;王存亚、于伟平,2014;查金祥,2006;李海芹,2010),进而最终影响消费者对企业和品牌的忠诚(尤索夫、马南,2014;艾拉瓦迪、尼斯林等,2014)。

消费者对在线零售商企业社会责任评价,可以是信任也可能是怀疑(贝克·奥尔森、安德鲁,2006),研究不同企业的社会责任活动产生的差异化的消费者响应,包括消费者对在线零售商企业社会责任表现的评价及预期购买意愿的强弱。提出假设 H7:在线零售商企业社会责任表现对消费者购买意愿具有显著的影响;假设 H8:在线零售商企业社会责任表现在在线零售商企业社会责任内容与消费者购买意愿之间起中介作用。

4.1.5　研究假设及概念模型

本章的主要研究假设汇总见表 4.1。

表 4.1 本章研究假设汇总

研究假设	内　　容
H2a	在线零售商的制度型企业社会责任内容比促销型企业社会责任内容更能提高消费者感知的企业社会责任表现
H2b	在线零售商的促销型企业社会责任内容比制度型企业社会责任内容更能提高消费者购买意愿
H3a	高匹配度在线零售商企业社会责任活动能增强消费者购买意愿
H3b	高匹配度在线零售商社会责任活动能提高在线零售商企业社会责任表现
H6a	偏促进定向倾向可以增强制度型/促销型企业社会责任活动对消费者响应的影响
H6b	偏促进定向倾向可以增强高/低企业社会责任活动匹配度对消费者响应的影响
H6c	促进定向的消费者和预防定向的消费者对相同企业社会责任内容的响应存在差异
H7	在线零售商企业社会责任表现对消费者购买意愿具有显著的影响
H8	在线零售商企业社会责任表现在在线零售商企业社会责任内容与消费者购买意愿之间起中介作用

根据分析及研究假设,建立概念模型,如图 4.1 所示。

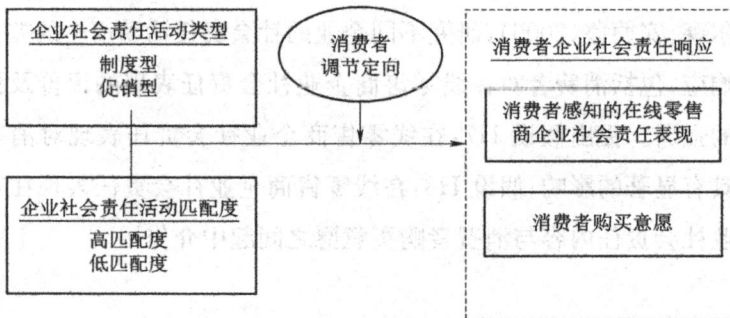

图 4.1　概念模型

4.2　研究方法

4.2.1　情境实验方法

　　情境实验法近些年常被用于企业的社会责任研究中,在调节定向的相关研究中,实验方法是用得最多的实证方法。研究主要采用实验法,并通过调查问卷的形式搜集数据。研究中采用了虚拟情境、虚拟在线零售商,具体分析在线零售商企业社会责任活动内容对消费者的企业社会责任响应的影响,进行了 2(企业社会责任活动类型:制度型与促销型)×2(企业社会责任活动匹配度:高匹配度与低匹配度)二因子受试间(Between-Sujects)实验。由于操纵被试的调节定向类型需要进行被试的二次删选和分组,有可能会引起被试的抵触感,影响最后实验的真实性。因此,并没有进行消费者的调节定向类型的操纵,而是通过问卷测量来确定消费者的调节定向倾向。使用的是姚琦、乐国安等人提出的"调节定向问卷"。

4.2.2　情境实验材料

　　对于实验的情境材料有两个方面需要解释说明:第一,实验企业的选择;第二,实验情境的设计。

1. 实验企业的选择

　　为避免真实的在线零售商自身带有的品牌个性、品牌形象对受访者产生正面或负面的归因作用影响真实的实验结果,在本书研究中实验企业均选择了虚拟企业:东宝公司,以保证受访者的后续反应能更加真实反映企业的社会责任活动的效果。虚拟企业虚拟品牌的设计在实验中广泛应用。东宝公司背景材料的编写参考了我国典型的在线零售企业,如京东、天猫及当当等。

2. 实验情境的设计

实验涉及两个变量:在线零售商企业社会责任活动类型与在线零售商企业社会责任活动匹配度。

第一个变量是在线零售商企业社会责任活动类型。该内容的设计根据皮尔斯等(2007)对制度型和促销型企业社会责任的定义进行设计。皮尔斯认为一个实施制度型企业社会责任活动的公司将在涉及企业内外部利益相关者的主要评价类别中制定政策,实施促销型企业社会责任的企业大大减少社会责任类别,选择关注更短期的企业社会责任活动,这些活动通常是与营销活动关系比较紧密的。因此,在企业的社会责任活动类型情境材料的设计中,制度型企业社会责任活动重点体现出企业的各项社会责任活动的规范化与制度化,并且显示出企业关注所有利益相关者的态度,而促销型企业社会责任活动材料突出少量短期的企业社会责任活动。下面为制度型企业社会责任与促销型企业社会责任材料举例(具体的企业社会责任材料见附录二)。

在制度型企业社会责任材料中,在线零售商企业社会责任活动信息是这样表达的:

"作为一家在线零售企业,东宝公司从成立之初就将对投资人、顾客、员工、供应商以及社区等利益相关者的责任写入了公司章程。从公司成立至今近20年的时间,公司实施多项CSR计划,包括保障消费者网络消费的各种权益,提高员工薪酬福利、公平对待供应商以及相关慈善活动。"

在促销型企业社会责任材料中,在线零售商企业社会责任活动信息是这样表达的:

"该公司在 2020 年参与了'世界乳腺癌防治月'的公益宣传活动。公司联合中华粉红丝带公益网、中国天津乳腺癌防治中心,共同发起'东宝粉红丝带关爱行动',在公司销售平台中专门设立了粉红丝带关爱行动促销页面,公司承诺相关促销页面产品销售额的 1‰ 将捐赠给粉红丝带关爱基金会,用于乳腺癌的防治宣传与研究工作。"

第二个变量是在线零售商企业社会责任活动匹配度的设计。该内容的设计主要根据瓦达拉詹和梅农(1988)的研究,在线零售商的企业社会责任活动与在线零售商的匹配度主要从企业社会责任活动与在线零售商的产品线、品牌形象、市场地位及目标市场之间的关联度来衡量。因此,本章的研究分别选择了两类企业社会责任活动:基于在线零售商主营业务的精准扶贫项目与参与"粉红丝带"预防女性乳腺癌公益活动。下面为高匹配度的企业社会责任活动与低匹配度的企业社会责任活动材料举例(具体实验情境材料见附录二)。

在高匹配度企业社会责任材料中,在线零售商企业社会责任活动信息是这样表达的:

"作为一家网络零售公司,东宝公司在 2019 年 10 月的店庆月发起了为期一个月的公益扶贫的活动。利用其网络销售的平台优势,该公司与国家级贫困县苍溪的猕猴桃种植户签订采购合同,给予电商流量和资源支持,帮助农户把种植的农副商品以最快的速度卖给城市消费者。公司同时承诺将活动期间一半的猕猴桃销售利润捐赠给该贫困县的扶贫基金,用于后续的产业扶贫。"

在低匹配度企业社会责任材料中,在线零售商企业社会责任活动信息是这样表达的:

"作为一家在线零售企业,2019 年,东宝公司联合中华粉红丝带公益网、中国天津乳腺癌防治中心,共同成立'东宝粉红丝带关爱基金'。截至目前,该公司已持续为该基金会捐赠近5 000万元,全部用于中国的乳腺癌防治宣传与研究工作。"

4.3　实验变量测量

测量表格分为三个部分,采用的量表多数为成熟量表。

第一部分是对在线零售商企业社会责任活动内容的操纵量表。共6个题项,前两个题项测量在线零售商企业社会责任活动的长期性和全面性,量表根据皮尔斯(2007)关于制度型和促销型企业社会责任活动的定义及卢东(2009)的研究制定,用以操控在线零售商的企业社会责任活动的内容类型;后4个题项测量的是在线零售商的企业社会责任活动与在线零售商的匹配性(量表来自贝克·奥尔森、卡德莫尔,2006),以进行匹配度操控。测量题项见表4.2(具体量表见附录三)。

表4.2　在线零售商企业社会责任活动内容操纵量表

题　项	测量内容
CSR类型操纵题项	该公司实施的活动是长期持续的活动
	该公司实施的活动考虑了股东、顾客、员工、供应商、社会等多方面利益
CSR匹配度操纵题项	不一致——一致
	不适合——适合
	不兼容——兼容
	不相似——相似

第二部分是消费者企业社会责任响应量表。主要讨论消费者企业社会责任响应中的两个方面：消费者对在线零售商企业社会责任表现的评价与消费者购买意愿。这部分量表包括 6 个题项。前 3 个题项用以测量在线零售商企业社会责任表现，量表是以贝克·奥尔森、卡德莫尔(2006)与贝伦斯(2005,2007)量表为基础，加入在线零售的特定情境后编制；后3 个题项用以测量消费者的预期购买意愿，量表是在莫尔和韦布(2001)，李、林(2005)，齐塔姆(1996)的量表基础上考虑在线零售的情境编制。上述量表均被多次使用，其信度与效度都比较好。第二部分题项见表 4.3(具体量表见附录三)。

表 4.3　消费者在线零售商企业社会责任响应量表

题　　项	测量内容
在线零售商 企业社会责任表现	东宝公司是一家我可以信赖的购物网站
	东宝公司是一家关心客户的公司
	东宝公司拥有强大的价值体系
消费者购买意愿	我在东宝公司购买产品的可能性极大
	需要网上购物时,我会优先考虑在东宝公司的网站购买
	你愿意将该网站推荐给朋友和家人

第三部分是消费者的调节定向量表。在这部分中本书采用的量表是"调节定向问卷(中文版)"(姚琦等,2008)。这套中文版量表在国内得到广泛的认可,是目前在中国应用最广泛的消费者调节定向量表。该量表共包含 10 个题项,其中 6 个促进定向、4 个预防定向。具体题项见表 4.4。

表 4.4　消费者调节定向测量表

序　号	题　　项	调节定向
1	和大多数人相比,你通常无法从生活中得到自己想要的东西吗	促进定向
2	在你的成长过程中,你经常做出一些让你父母无法忍受的事情吗	预防定向

续上表

序　号	题　项	调节定向
3	你曾经完成一些事情,这些事情的成功让你更加努力吗	促进定向
4	在你的成长过程中,你经常会让父母很烦心吗	预防定向
5	在你的成长过程中,你经常会做一些你父母认为不对的事情吗	预防定向
6	当我追求一些人认为重要的事情时,我发现我做得并不像我理想的那样好	促进定向
7	对于你想做的各种事情,你经常做得很好吗	促进定向
8	你经常遵守父母定下的规矩吗	预防定向
9	我感觉我已经朝着成功迈进了	促进定向
10	在生活中,我几乎没有能让自己感兴趣或让自己全身心投入的爱好或活动	促进定向

资料来源:姚琦,乐国安,伍承聪,等.调节定向的测量维度及其问卷的信度和效度检验[J].应用心理学,2008(4):318-323.

4.4　数据分析与检验

4.4.1　样本的描述性分析

　　共计有 320 个被试实验对象参与了在线零售商企业社会责任内容的实验。问卷共发放情境材料及调查问卷 320 份,回收 299 份。其中因明显填写不认真以及信息遗漏等问题,去除废卷 56 份,有效问卷 243 份,有效率为76%。本次问卷调查采用了不记名的方式。实验对象为某高校大二、大三年级的在校生,他们拥有独立生活经验,热衷于网络购物。实验中发放问卷选择了随机发放的形式,随机将四种情境材料和问卷发放给被试。参加实验的对象首先阅读随机发放的情境材料,然后回答后面的问题。由于情境材料随机发放,基本保证了四个群组的人数不会差异过大。最后得到的有效问卷中,制度型 * 高匹配度的情境为 51 份,制度型 * 低匹配度的情境是 56 份,促销型 * 高匹配度的情境是 76 份,促销型 * 低匹配度的情境是 60 份。性别和家庭收入状态是样本主要的个人差异信息,具体见表 4.5。

表 4.5　样本特征

统计变量		数　量	百分比(%)
性别	男	68	27.9
	女	176	72.1
	合计	244	100.0
家庭月收入(元)	5 000 元及以下	112	45.9
	5 000~10 000 元	90	36.9
	10 000~15 000 元	23	9.4
	15 000~20 000 元	9	3.7
	20 000 元以上	10	4.1
	合计	244	100.0

4.4.2　信度检验

为保证问卷能够获得较科学的数据,对所用到的主要题项进行了信度检验(Reliability),以保证用该量表对相同的对象进行重复测量能够得到一致性的结果。主要的量表包括操纵题项的两个量表和消费者响应量表。操纵题项的量表中在线零售商企业社会责任内容类型的测项包括 2 个,其信度克隆巴赫系数(Cronbach's Alpha)为 0.789;关于在线零售商企业社会责任内容匹配度的测项包括 4 个,其信度 Cronbach's Alpha 为 0.858。

消费者企业社会责任响应量表测量两个变量:在线零售商企业社会责任表现,包括 3 个题项,其信度 Cronbach's Alpha 为 0.907;消费者对在线零售商产品购买意愿,包括 3 个题项,其信度 Cronbach's Alpha 为 0.937。本实验所使用的量表信度均大于 0.7,说明量表的可靠性很高。

4.4.3 实验操纵检验

情境实验通过不同的情境操纵来研究消费者的行为差异,以帮助企业获知最有效的策略内容。除调查问项得分外,数据中增加两个变量:内容类型(制度型为 1,促销型为 0)和内容匹配度(高匹配度为 1,低匹配度为 0)。可以通过单因素方差分析验证不同材料的操纵题项得分是否存在显著差异。

将在线零售商企业社会责任内容类型题项的得分作为因变量,对在线零售商企业社会责任内容类型分组进行单因素方差分析,结果显示 $F_{(1,241)} =$ 108.003,$P<0.01$,操纵题项中的在线零售商企业社会责任内容类型得分存在显著差异,见表 4.6。

表 4.6　在线零售商 CSR 内容类型的方差分析

项　　目	平方和	自由度	均　　方	F　值	自由度
组间	418.715	1	418.715	108.003	0.000
组内	934.330	241	3.877	—	—
合计	1 353.045	242	—	—	—

将在线零售商企业社会责任内容匹配度题项的得分作为因变量,对在线零售商企业社会责任内容匹配度进行单因素方差分析,结果显示 $F_{(1,241)} =$ 29.784,$P<0.01$,操纵题项中的在线零售商企业社会责任内容匹配度得分

存在显著差异,具体见表 4.7。

表 4.7　在线零售商 CSR 内容匹配度的方差分析

项　目	平方和	自由度	均　方	F　值	显著度
组间	412.546	1	412.546	29.784	0.000
组内	3 338.120	241	13.851	——	——
合计	3 750.667	242	——	——	——

4.4.4　在线零售商企业社会责任内容与消费者响应

前面的数据分析显示,在实验中进行的操纵是成功的。因此,可以通过数据分析检验在线零售商企业社会责任内容的差异对消费者企业社会责任响应的影响。

1. 在线零售商企业社会责任内容与在线零售商企业社会责任表现

首先,利用双因素方差分析来测量在线零售商企业社会责任内容类型与内容匹配度对在线零售商企业社会责任表现的影响。

见表 4.8 中,在线零售商企业社会责任内容类型的统计结果为 $F=2.958,P=0.000<0.01$,非常显著,说明在线零售商企业社会责任的内容类型对在线零售商企业社会责任表现有显著的影响。在线零售商企业社会责任内容匹配度的统计结果为 $P=8.182,P=0.002<0.01$,非常显著,说明在线零售商企业社会责任内容匹配度对在线零售商企业社会责任表现有显著的影响。另外,企业社会责任内容类型 * 企业社会责任内容匹配度的配对结果为 $P=1.277,P=0.111>0.05$,不显著,说明不存在交叉效应的影响。

表 4.8　在线零售商 CSR 内容对在线零售商 CSR 表现的影响

因变量:在线零售商 CSR 表现					
项　　目	Type III 型平方和 （正交平方和）	自由度	均　　方	F　值	显著度
校正模型	1 664.892	99	16.817	3.431	0.000
截距	17 067.979	1	17 067.979	3 482.051	0.000
CSR 内容类型	144.993	10	14.499	2.958	0.002
CSR 内容匹配度	802.112	20	40.106	8.182	0.000
CSR 内容类型 * CSR 内容匹配度	432.009	69	6.261	1.277	0.111
误差	705.845	144	4.902	—	—
合计	61 240.000	244	—	—	—
校正合计	2 370.738	243	—	—	—
a. R Squared(R 方)＝0.702[Adjusted R Squared(调整后的 R 方)＝0.498]					

　　从表 4.9 可以发现,在线零售商企业社会责任表现在不同在线零售商企业社会责任内容类型的组合中均值存在显著差异,制度型的在线零售商企业社会责任分组中均值为 16.074 4,在促销型的在线零售商企业社会责任分组中均值为 15.000 0。在线零售商企业社会责任表现在不同在线零售商企业社会责任内容匹配度分组中均值的差异更大。高匹配度的在线零售商企业社会责任分组中均值为 17.173 9,低匹配度的在线零售商企业社会责任分组中均值为 14.069 8。

表 4.9　在线零售商 CSR 内容与在线零售商 CSR 表现

项　　目	在线零售商 CSR 内容类型		在线零售商 CSR 内容匹配度	
	制度型(1)	促销型(0)	高匹配度(1)	低匹配度(0)
均值	16.074 4	15.000 0	17.173 9	14.069 8
标准差	2.665 10	3.445 12	2.665 10	2.721 98

从结果来看(见图 4.2),制度型的在线零售商企业社会责任内容比促销型的在线零售商企业社会责任内容能促使消费者产生高的在线零售商企业社会责任表现感知。高匹配度的在线零售商企业社会责任内容比低匹配度的在线零售商企业社会责任内容能够带来高的消费者感知的在线零售商企业社会责任表现。

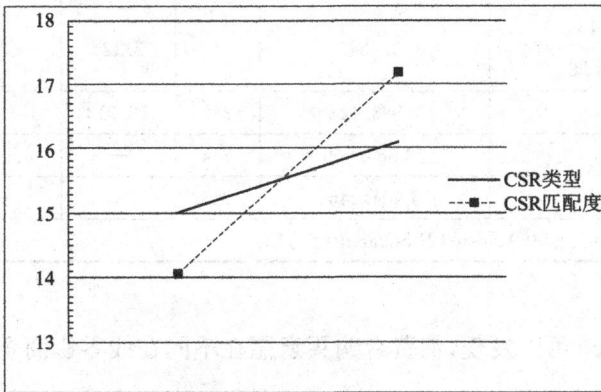

图 4.2　不同在线零售商 CSR 内容下的在线零售商 CSR 表现

2. 在线零售商企业社会责任内容与消费者购买意愿

仍然运用双因素方差分析来测量在线零售商企业社会责任内容类型与内容匹配度对消费者购买意愿的影响。

见表 4.10 中,在线零售商企业社会责任内容类型的统计结果为 $F=0.423, P=0.516>0.05$,不显著,说明在线零售商企业社会责任内容类型对消费者购买意愿没有显著的影响。在线零售商企业社会责任内容匹配度的统计结果为 $P=42.928, P=0.000<0.01$,非常显著,说明在线零售商社会责任内容匹配度对消费者购买意愿有显著的影响。另外,CSR 内容类型＊CSR 内容匹配度的配对结果为 $P=0.202, P=0.654>0.05$,不显著,说明不存在交叉效应的影响。

表 4.10 在线零售商 CSR 内容对消费者购买意愿的影响

因变量:消费者购买意愿					
项　　目	Type III 型平方和	自由度	均　　方	F　值	显著度
校正模型	521.118[a]	3	173.706	14.460	0.000
截距	48 487.947	1	48 487.947	4 036.278	0.000
CSR 内容类型	5.079	1	5.079	0.423	0.516
CSR 内容匹配度	515.691	1	515.691	42.928	0.000
CSR 内容类型 * CSR 内容匹配度	2.424	1	2.424	0.202	0.654
误差	2 883.128	240	12.013	—	—
合计	52 980.000	244	—	—	—
校正合计	3 404.246	243	—	—	—
a. R Squared=0.153(Adjusted R Squared=0.142)					

从表 4.11 可以发现,消费者购买意愿在不同在线零售商企业社会责任内容类型的组合中均值差异不大,制度型的在线零售商社会责任分组中均值为 14.380 2,在促销型的在线零售商企业社会责任分组中均值为 14.130 1。消费者购买意愿在不同在线零售商企业社会责任内容匹配度分组中均值的差异更大。高匹配度的在线零售商企业社会责任分组中均值为 15.791 3,低匹配度的在线零售商企业社会责任分组中均值为 12.883 7。

表 4.11 在线零售商 CSR 内容与消费者购买意愿

项　　目	在线零售商 CSR 内容类型		在线零售商 CSR 内容匹配度	
	制度型(1)	促销型(0)	高匹配度(1)	低匹配度(0)
均值	14.380 2	14.130 1	15.791 3	12.883 7
标准差	3.435 73	4.032 57	3.419 49	3.487 99

从结果来看,如图 4.3 所示,制度型和促销型的在线零售商企业社会责任内容对消费者购买意愿的影响无差异。高匹配度的在线零售商企业社会

责任内容比低匹配度的在线零售商企业社会责任内容能够带来更高的消费者购买意愿。

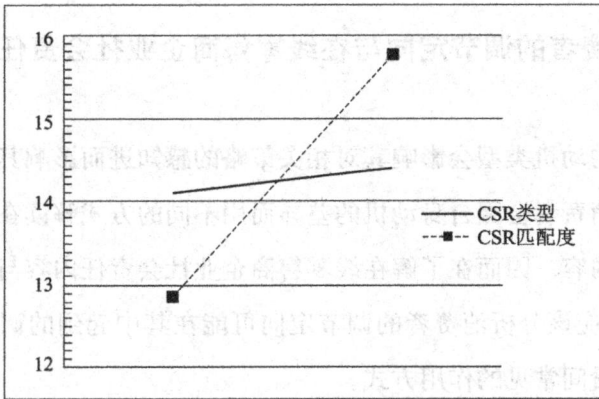

图 4.3　不同在线零售商 CSR 内容下的消费者购买意愿

　　根据前面的统计结果可以对本章的部分假设进行总结。统计结果验证了假设 H3（不同在线零售商企业社会责任活动内容匹配度对消费者的企业社会责任响应影响存在显著差异），即不同在线零售商企业社会责任活动内容匹配度对在线零售商企业社会责任表现和消费者购买意愿的影响均存在显著差异。部分验证了假设 H2（在线零售商企业社会责任内容类型对消费者企业社会责任响应影响存在显著差异），统计结果显示不同的在线零售商企业社会责任内容类型对在线零售商企业社会责任表现的影响有显著差异，但对消费者购买意愿的影响不显著。研究结果也验证了假设 H2a（在线零售商的制度型企业社会责任内容比促销型更能提高在线零售商企业社会责任表现）和假设 H3a（在线零售商企业社会责任活动与在线零售商的高匹配度能增加消费者购买意愿）。研究结果不接受假设 H3b（在线零售商企业社会责任活动与在线零售商的低匹配度能提高在线零售商企业社会责任表现)和假设 H2b(在线零售商的促销型企业社会责任内容比制度型企业社会责任更能提高消费者购买意愿)。

4.4.5 消费者的调节定向与在线零售商企业社会责任内容

消费者的动机类型会影响其对相关策略的感知进而影响其对策略的响应。不同的消费者会因自身动机的差异而用不同的方式解读在线零售商企业社会责任内容。因而在了解在线零售商企业社会责任内容与消费者响应关系的时候,应该分析消费者的调节定向可能在其中起到的调节作用。调节作用是变量间常见的作用方式。

一般情况下,在进行调节作用的检验前,需要将变量中心化。按照武松和潘发明(2017)的调节效应检验方法,当自变量是连续变量时,调节变量是类别变量,做分组回归分析:按 M 的取值分组,将因变量和自变量中心化后做 F 对 X 的回归,若回归系数的差异显著,则调节效应显著。因变量为在线零售商企业社会责任表现和消费者购买意愿,自变量为在线零售商企业社会责任活动内容类型及内容匹配度,调节变量为消费者的调节定向类型。由于调节变量为类型变量,故而本书在分析中需要首先确定单个样本的调节定向类型,然后对自变量和因变量进行中心化。

1. 消费者调节定向类型的确定

在调节定向上,采用了姚琦、乐国安(2008)的调节定向问卷进行测量。该问卷一共包含 10 个题项,其中有 6 个题项是关于促进定向的,有 4 个题项是关于预防定向的。通过让被试回答 10 个题项的问题来评定被试的动机定向。题项中的 1、3、6、7、9、10 属于促进定向维度,而剩下的 2、4、5、8 属于预防定向维度。根据希金斯和弗里德曼等人在 2001 年提供的计算消费者主导的调节定向类型的方法,可以对数据进行以下处理:第一,计算被访问者促进定向维度平均分和预防定向维度的平均分;第二,以促进定向维度的平均分减去预防定向维度的平均分,得到的是消费者偏促进定向的程度;第三,以该分值的中位数进行样本平分,得到两个类型,偏促进定向的被访问者有 126 人,偏预防定向的被访问者 118 人;第四,在实验数据中增加变量消费者的调节定向(促进定向为 1,预防定向为 0)。

2. 自变量和因变量的中心化

将自变量在线零售商社会责任活动内容类型和内容匹配度得分分别以个体值减去变量的均值,得到新的变量 CSR 类型(中心化)和 CSR 匹配度(中心化)。同样的方法分别得到消费者购买意愿(中心化)和在线零售商社会责任表现(中心化)。

3. 分组回归分析

前面的研究结论显示消费者购买意愿并没有因在线零售商社会责任内容类型的差异而产生显著差异。因此,依据消费者的调节定向类型分别进行三组回归分析:在线零售商社会责任内容类型与在线零售商企业社会责任表现回归分析、CSR 匹配度与在线零售商企业社会责任表现的回归分析以及 CSR 匹配度与消费者购买意愿的回归分析。所有进行回归分析的变量均为中心化的变量。

第一,调节定向作用下的在线零售商企业社会责任内容类型与在线零售商企业社会责任表现的回归分析。建立回归方程如下:

全样本的回归模型:$CSRB = \alpha CSRTY + \varepsilon$ (4.1)

促进定向分组的回归模型:$CSRB_1 = \alpha_1 CSRTY + \varepsilon_1$ (4.2)

预防定向分组的回归模型:$CSRB_0 = \alpha_0 CSRTY + \varepsilon_0$ (4.3)

其中,CSRB 代表了在线零售商企业社会责任表现,CSRTY 代表了企业社会责任内容类型。回归分析的结果见表 4.12。通过表格数据,本书发现在预防定向的分组中,在线零售商企业社会责任内容类型对在线零售商企业社会责任表现有显著的影响,而在促进定向分组中,回归分析的显著度不高。并且,调节定向的分组回归导致两组的分组结果均与全样本的回归差异明显。这表明不同调节定向的消费者对相同企业的社会责任内容类型的态度不同,消费者的调节定向在在线零售商企业社会责任内容类型与在线零售商企业社会责任表现之间起到了调节作用。

表 4.12　调节定向下的 CSR 内容类型与在线零售商 CSR 表现的回归分析

题　　项		平方和	自由度	均　方	F 值	Beta 值	T 值	显著度
预防定向组	回归	36.522	1	36.522	4.416	0.192	−1.145	0.038
	残差	959.351	116	8.270	—	—	2.101	
	合计	995.873	117	—		—		
促进定向组	回归	24.620	1	24.620	2.293	0.135	0.957	0.133
	残差	1 331.420	124	10.737	—	—	1.514	
	合计	1 356.040	125	—		—		
全样本	回归	57.478	1	57.478	6.013	0.156	0.000	0.015
	残差	2 313.260	242	9.559	—	—	2.452	
	合计	2 370.738	243	—		—		

　　表 4.13 列举了不同消费者调节定向分组中在线零售商企业社会责任表现的均值。在预防定向分组中,在线零售商企业社会责任表现均值有显著差异:制度型的在线零售商企业社会责任内容的均值为 15.833 3,而促销型的在线零售商企业社会责任内容的均值为 14.637 9。在促进定向分组中,制度型的在线零售商企业社会责任内容的均值为 16.311 5,而促销型的在线零售商企业社会责任内容的均值为 15.323 1。总体而言,预防定向降低了在线零售商企业社会责任活动内容类型与在线零售商企业社会责任表现之间的正向关系。

表 4.13　不同调节定向作用下的在线零售商 CSR 表现均值

项　　目	制度型 CSR	促销型 CSR
预防定向	15.833 3	14.637 9
促进定向	16.311 5	15.323 1

第二,调节定向作用下的在线零售商企业社会责任内容匹配度与在线零售商企业社会责任表现回归分析。建立回归方程如下:

全样本的回归模型:$CSRB = \beta CSRMD + r$　　　　　　　(4.4)

促进定向分组的回归分析:$CSRB_1 = \beta_1 CSRMD + r_1$　　(4.5)

预防定向分组的回归分析:$CSRB_0 = \beta_0 CSRMD + r_0$　　(4.6)

其中,CSRB 代表了在线零售商企业社会责任表现,CSRMD 代表了企业社会责任匹配度。回归分析的结果见表 4.14。通过表格数据,本书发现在预防定向和促进定向的分组中,在线零售商企业社会责任内容匹配度对在线零售商企业社会责任表现均有非常显著的影响。但在两个回归方程中标准化系数差异不显著,且均与全样本的回归结果差异不显著。这表明消费者调节定向在在线零售商企业社会责任内容匹配度与消费者购买意愿之间没有起到调节作用。

表 4.14　调节定向下的 CSR 匹配度与在线零售商 CSR 表现的回归分析

项　　目		平方和	自由度	均　方	F 值	Beta 值	T 值	显著度
预防定向组	回归	290.637	1	290.637	47.805	0.540	6.914	0.000
	残差	705.236	116	6.080	—	—	—	—
	合计	995.873	117	—	—	—	—	—
促进定向组	回归	401.122	1	401.122	52.087	0.544	7.217	0.000
	残差	954.918	124	7.701	—	—	—	—
	合计	1 356.040	125	—	—	—	—	—
全样本	回归	705.881	1	705.881	102.605	0.546	10.129	0.000
	残差	1 664.857	242	6.880	—	—	—	—
	合计	2 370.738	243	—	—	—	—	—

表 4.15 列举了不同消费者调节定向分组中在线零售商企业社会责任表现均值。在预防定向分组中,在线零售商企业社会责任表现均值有显著差异:高匹配度的在线零售商企业社会责任内容的均值为 17.170 2,而低匹配度的在线零售商企业社会责任内容的均值为 13.971 8。在促进定向分组中,高匹配度的在线零售商企业社会责任内容的均值为 16.311 5,而低匹配度的在线零售商企业社会责任内容的均值为 15.323 1。总体而言,预防定向显著增强了在线零售商企业社会责任活动内容匹配度与在线零售商企业社会责任表现之间的正向关系。

表 4.15 不同调节定向作用下的在线零售商 CSR 表现均值

项　　目	高匹配度 CSR	低匹配度 CSR
预防定向	17.170 2	13.971 8
促进定向	16.311 5	15.323 1

第三,调节定向作用下的在线零售商企业社会责任内容匹配度与消费者购买意愿的回归分析。建立回归方程如下,其中 PW 代表了消费者购买意愿,CSRMD 代表了企业社会责任匹配度。

全样本的回归模型:$PW = \gamma CSRMD + \theta$　　　　　　　　　　(4.7)

促进定向分组的回归分析:$PW_1 = \gamma_1 CSRMD + \theta_1$　　　　　　(4.8)

预防定向分组的回归分析:$PW_0 = \gamma_0 CSRMD + \theta_0$　　　　　　(4.9)

回归分析的结果见表 4.16。通过表格数据,发现在预防定向和促进定向的分组中,在线零售商企业社会责任内容匹配度对在线零售商企业社会责任表现均有非常显著的影响,同时,在两个回归方程中标准化系数差异显著,并且,调节定向分组之后得到的两组回归结果与全样本回归结果差异显著。这都表明消费者调节定向在在线零售商企业社会责任内容匹配度与在线零售商企业社会责任表现之间起调节作用。

表 4.16　调节定向下的 CSR 匹配度与消费者购买意愿的回归分析

项　目		平方和	自由度	均　方	F　值	Beta 值	T　值	显著度
预防定向	回归	173.658	1	173.658	15.265	0.341	3.907	0.000
	残差	1 319.604	116	11.376	—	—	—	—
	合计	1 493.263	117	—	—	—	—	—
促进定向	回归	579.394	1	579.394	54.008	0.551	7.349	0.000
	残差	1 330.264	124	10.728	—	—	—	—
	合计	1 909.659	125	—	—	—	—	—
全样本	回归	735.844	1	735.844	66.734	0.465	8.169	0.000
	残差	2 668.402	242	11.026	—	—	—	—
	合计	3 404.246	243	—	—	—	—	—

表 4.17 列举了不同消费者调节定向分组中在线零售商企业社会责任表现均值。在预防定向分组中,消费者感知的在线零售商社会责任表现均值有显著差异:高匹配度的在线零售商企业社会责任内容的均值为 15.553 2,而低匹配度的在线零售商企业社会责任内容的均值为13.267 6。在促进定向分组中,高匹配度的在线零售商企业社会责任内容的均值为 15.955 9,而低匹配度的在线零售商企业社会责任内容的均值为 12.413 8。总体而言,无论预防定向还是促进定向,都没有显著影响在线零售商企业社会责任活动内容匹配度与消费者购买意愿之间的关系。

表 4.17　不同调节定向作用下的消费者购买意愿的均值

项　目	高匹配度 CSR	低匹配度 CSR
预防定向	15.553 2	13.267 6
促进定向	15.955 9	12.413 8

综上所述,可以对部分假设进行总结。消费者的调节定向类型在在线零售商企业社会责任内容类型与在线零售商企业社会责任表现的关系中起

到调节作用,偏预防定向的消费者对这一关系更加敏感。部分接受假设H6a(偏促进定向倾向可以增强制度型/促销型企业社会责任活动对消费者响应的影响)。消费者的调节定向类型在在线零售商企业社会责任匹配度与在线零售商企业社会责任表现的关系中没有起到调节作用。消费者的调节定向类型在在线零售商企业社会责任匹配度与消费者购买意愿中起到调节作用,偏预防定向的消费者对这一关系更加敏感。部分接受假设H6b(偏促进定向倾向可以增强高/低企业社会责任活动匹配度对消费者响应的影响)。在总体上,偏预防定向的消费者更受到在线零售商企业社会责任内容类型及匹配度的影响。

4.4.6 在线零售商企业社会责任表现的中介作用

温忠麟等(2004)提出了中介效应检验程序。要检验一个变量是否起到中介作用,需要进行三次回归分析。检验方法如图4.4所示。

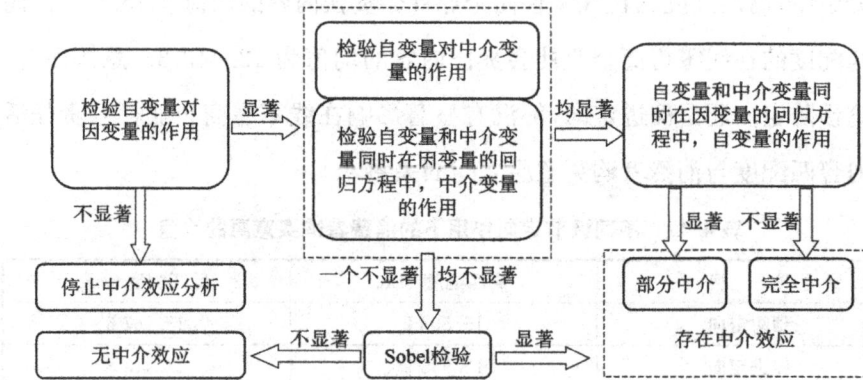

图4.4 中介效应的检验方法

由于不同在线零售商企业社会责任内容类型对消费者购买意愿不存在

显著的影响,它们之间也不存在因果关系,故本部分仅讨论在线零售商企业
社会责任表现在在线零售商企业社会责任内容匹配度与消费者购买意愿之
间的中介影响。首先,建立三组回归模型。

模型 1：$PW=\rho_1 CSRMD+\mu_1$　　　　　　　　　　　　　　　(4.10)

模型 2：$CSRB=\rho_2 CSRMD+\mu_3$　　　　　　　　　　　　　(4.11)

模型 3：$PW=\rho_3 CSRMD+\rho_4 CB+\mu_2$　　　　　　　　　(4.12)

其中,PW 代表了购买意愿,CSRB 代表了在线零售商企业社会责任表
现,MD 代表了企业社会责任匹配度。通过共线性诊断,三组回归的最小容
忍度为 0.702,最高为容忍度 1,说明都可以进行回归分析,结果见表 4.18。
模型 1 中的回归分析显著度很高,满足第一步的中介分析条件。第二步进
行的两个回归分析的显著度也都很高,同时,从 CSR 匹配度的显著度变化
可以看出,在模型中加入在线零售商企业社会责任表现后,CSR 匹配度的
显著度降低,标准回归系数由原来的 0.465 下降至 0.154,虽然仍然对消费
者购买意愿的影响显著,但作用明显减小。因此,可以判断在企业社会责任
内容匹配度与消费者购买意愿之间在线零售商企业社会责任表现起到了部
分中介作用。中介效应对总效应的贡献率为 Effect $CSRB=\rho_2 \cdot \rho_4/\rho_1=$
$0.546\times0.570/0.465=66.9\%$,说明在线零售商企业社会责任表现对消费
者购买意愿的方差变化的贡献度为 66.9%,中介效应解释了因变量(消费
者购买意愿)的方差变异为 sqrt(0.440-0.213)=0.227(22.7%)。

表 4.18　消费者感知的在线零售商 CSR 表现的中介效应分析

Model		Beta 值	T 值	共线性统计		调整后 R^2	显著度
				容忍度	方差膨胀因子		
模型 1 因变量：消费者购买意愿	常量		0.000			0.213	1.000
	CSR 匹配度	0.465**	8.169	1.000	1.000		0.000

Model		Beta 值	T 值	共线性统计		调整后 R^2	显著度
				容忍度	方差膨胀因子		
模型 2 因变量:消费者 感知的在线 零售商 CSR 表现	常量		0.000			0.295	1.000
	CSR 匹配度	0.546**	10.129	1.000	1.000		0.000
模型 3 因变量: 消费者 购买意愿	常量		0.000			0.440	1.000
	CSR 匹配度	0.154**	2.685	0.702	1.424		0.008
	消费者感知 的在线零售 商 CSR 表现	0.570**	9.949	0.702	1.424		0.000

　　总之,基于这部分的分析,可以对本章的假设 H7(在线零售商企业社会责任表现在企业社会责任内容对消费者购买意愿的影响关系具有中介作用)进行总结。通过统计数据的分析可以看到,消费者对在线零售商的购买意愿受到在线零售商企业社会责任内容匹配度的显著影响,同时,在这个影响关系中在线零售商企业社会责任表现起到了很强的部分中介作用,贡献率达到 66.9%。部分接受假设 H7。

4.5　结果讨论与小结

　　本章主要通过情境实验的方式研究消费者的企业社会责任响应是如何

被在线零售商企业社会责任内容影响的。实验通过四种不同的企业社会责任内容类型 * 内容匹配度的情境材料,研究不同情境下消费者对在线零售商企业社会责任内容的感知,进而影响到其最终的企业社会责任响应。同时,在研究过程中引入了消费者的一般动机理论:调节定向类型,作为调节变量。本章大部分的原假设得到验证或部分验证,见表 4.19。

表 4.19　本章主要假设检验分析结果

原假设	研究假设	实证结果
H2	在线零售商的制度型企业社会责任内容比促销型企业社会责任内容更能提高消费者感知的企业社会责任表现	部分接受
H2a	在线零售商的促销型企业社会责任内容比制度型企业社会责任内容更能提高消费者购买意愿	接受
H2b	高匹配度在线零售商企业社会责任活动能增加消费者购买意愿	不接受
H3	高匹配度在线零售商企业社会责任活动能提高在线零售商企业社会责任表现	接受
H3a	促进定向倾向可以增强制度型/促销型企业社会责任活动对消费者响应的影响	接受
H3b	偏促进定向倾向可以增强高/低企业社会责任活动匹配度对消费者响应的影响	接受
H6a	促进定向的消费者和预防定向的消费者对相同企业社会责任内容的响应存在差异	部分接受
H6b	在线零售商企业社会责任表现对消费者购买意愿具有显著的影响	部分接受
H7	在线零售商企业社会责任表现在在线零售商企业社会责任内容与消费者购买意愿之间起中介作用	接受
H8	在线零售商的制度型企业社会责任内容比促销型企业社会责任内容更能提高消费者感知的企业社会责任表现	部分接受

第一,在线零售商企业社会责任内容类型方面。不同的企业社会责任内容类型对消费者的企业社会责任响应具有差异化的影响,尤其是对在线零售商企业社会责任表现的影响较大。制度型的企业社会责任活动内容比

促销型的企业社会责任内容更能促使消费者产生高的在线零售商企业社会责任表现感知。同时，偏预防定向倾向的消费者对在线零售商企业社会责任内容类型更加敏感，也更容易因感知到的制度型企业社会责任活动内容而产生更高的消费者感知在线零售商企业社会责任表现。这对在线零售商而言是一个非常重要的提示，在线零售商不能完全将企业的社会责任活动看作或当作"促销的手段"或"促销的工具"，看似能带来高点的消费者购买意愿，其实不然。长期来看，对提升在线零售商企业社会责任表现并无裨益。在线零售商应将企业的社会责任活动看作一个长期的计划，全面持续开展企业社会责任活动能给消费者带来高的企业社会责任感知。这点对预防定向的消费者尤其重要。

第二，在线零售商企业社会责任内容匹配度方面。通过实验发现消费者对企业社会责任内容匹配度感知比较敏感，不同的在线零售商企业社会责任内容匹配度能带来差异化的社会责任感知，从而带来不同的社会责任响应。高匹配度的在线零售商企业社会责任内容能显著提升在线零售商企业社会责任表现和消费者购买意愿。这对在线零售商安排企业社会责任活动也提供了一些借鉴。盲目追求社会热点、为"吸引流量"而开展企业社会责任活动，看似吸引了消费者的关注，却并没有真正达到社会责任活动应该产生的效应。目前不少企业在开展企业社会责任活动时都在一定程度上有这样的问题。每每有社会热点事件，反应机敏的企业会迅速做出反应，开展"合适"的企业社会责任活动。而部分企业完全不考虑企业的自身状况，"生搬硬套"地抢夺流量资源，可能会得不偿失。在线零售商应该尽量选择那些与企业的业务范畴、市场定位、目标顾客等一致性、兼容性更高的企业社会责任活动，即使该事件或活动本身与企业的匹配度不高，也应通过具体的企业社会责任设计找到企业社会责任活动与企业的连接点。这才是重要的匹配之道。

　　第三，消费者的调节定向方面。根据希金斯和弗里德曼等（2001）的研究方法，本书将样本分为两类：偏促进定向的群组和偏预防定向的群组。通过数据分析，本书发现了跟之前的研究不太一样的一些结果。基于促进定向的特点，促进定向型消费者关注"获得"，关注信息中的希望和理想，他们的思想积极开放。本书的结果也印证了这一点。在在线零售商企业社会责任表现与消费者购买意愿两个方面，促进定向的消费者都有高的均值，也表示总体上促进定向比预防定向的消费者对在线零售商企业社会责任活动的响应积极。而预防定向型消费者倾向于关注"安全"，力求回避所有的预期与预期之外的消极结果，思想较为谨慎保守。因此，在总体上，预防定向比促进定向的消费者有低的均值。但是，在各策略差异上，预防定向比促进定向表现出了更高的敏感度，制度型企业社会责任活动比促销型企业社会责任活动形成的在线零售商企业社会责任表现均值差异更大，高匹配度的企业社会责任活动比低匹配度的企业社会责任活动收获的消费者购买意愿的均值差异也更大。制度型的企业社会责任与高匹配度的企业社会责任向关注"避免损失"的预防定向消费者传递了"更有保障""更安全""更持久""更专业"的信号。因此，在线零售商也应注意在设计企业社会责任内容时要包含这些信息。同样的检测结果也显示预防定向的消费者对在线零售商企业社会责任内容的匹配度的感知比促进定向的消费者更加敏感，显示出了更强的显著性。消费者的调节定向类型在在线零售商企业社会责任匹配度与消费者购买意愿中起到调节作用，偏预防定向的消费者对这一关系更加敏感。

　　第四，在线零售商企业社会责任表现与消费者购买意愿。对企业而言，消费者购买意愿是最快能够转化为销量、市场份额、绩效等现实利益的变量。因此，企业会非常关注企业社会责任活动对消费者购买意愿的影响，也才会有非常多的企业简单直接地将企业社会责任活动看作"促销工具"。然而,本章的研究发现,在线零售商企业社会责任活动与消费者购买意愿之间存在一个重要的中介变量:在线零售商企业社会责任表现。在本章的研究中,在线零售商企业社会责任表现在企业社会责任内容匹配度与消费者购买意愿之间的中介效应显著。这就提示在线零售商,不能仅考虑眼前的利益,而应从更长远的角度通过企业社会责任活动建立更好的在线零售商企业社会责任表现。

总之,主要研究结果都显示,在线零售商企业社会责任活动内容应避免短期的促销目的,尽可能从内容类型及内容匹配度方面完善在线零售商企业社会责任活动策略,以使消费者产生更高的企业社会责任表现感知。

第5章

基于消费者的在线零售商企业社会责任沟通

真正影响消费者企业社会责任响应的并不是企业的社会责任活动实际行动,而是消费者感知到的企业社会责任活动(瓦格纳等,2009)。消费者感知到的在线零售商企业社会责任由两个因素决定:第一个因素是在线零售商实际做了什么,也就是企业具体的社会责任活动内容,即在线零售商具体承担了哪些企业社会责任活动,如何履行这些企业社会责任;另外一个因素是在线零售商对消费者说了什么,也就是在线零售商如何通过企业社会责任沟通与目标消费者进行沟通,即在线零售商通过什么样的方式,以及什么样的渠道将企业实际的社会责任活动信息传递给目标消费者。在第4章,通过实验的研究方法研究了在线零售商应如何对企业社会责任活动内容进行选择,本章将聚集于第二个因素,即在线零售商企业社会责任活动沟通。

5.1 研究假设

5.1.1 在线零售商企业社会责任沟通信息类型与消费者响应

杜遂丽(2010)在研究中指出,企业在跟目标消费者沟通的过程中,需要选择合适的信息作为主要的信息内容传递出去。这些信息传递给目标消费者的目的是通过这些信息影响消费者对企业的感知,进而产生差异化的消费者响应。那么,消费者在面对在线零售商企业社会责任信息时最关注的信息是哪一类呢?杜遂丽(2010)和贝伦斯(2005)在研究中都指出在企业的社会责任沟通中,企业对社会责任活动的承诺很重要,承诺包含企业要履行的责任将要达到的目标、预期的绩效、持续的时间等。

张杨和汪旭晖(2015)在研究中讨论了企业社会责任活动持续推进的重要性,他们指出目前很多的研究都关注企业社会责任活动主题的类型、匹配度等问题,但企业社会责任活动主题的连贯性对消费者感知的影响也非常重要,这实际反映了消费者对企业社会责任活动的长期效应及按计划实施的关注。在企业社会责任沟通中应将这样的信息传递给消费者。

肖捷(2013)在前人研究的基础上,通过扎根研究和深度访谈,提出在企业社会责任沟通中效益性和安全性是消费者关注的重点。这一研究将企业社会责任沟通信息分成两类:效益性的信息与安全性的信息。效益性信息指的是企业社会责任可能带来的社会性福祉或经济性收益,如帮助了利益相关者、实现了企业社会的可持续发展等;安全性指的是企业致力于将企业社会责任活动的真实有效、实施过程中不会增加社会负担等信息传递给消费者,以打消消费者可能对企业社会责任活动持有的怀疑态度等,如确保该企业社会责任活动的真实性、确保项目能按计划实施、企业社会责任活动实施不会给企业和社会带来其他危害等。

总之,在线零售商向目标消费者发布相关的企业社会责任信息应包含特定的、有倾向性的内容信息。不同的内容倾向形成的消费者感知也是不同的。因此,提出假设 H4a:在线零售商企业社会责任沟通信息类型对在线零售商企业社会责任表现有显著影响。假设 H4b:在线零售商企业社会责任沟通信息类型对消费者购买意愿有显著影响。

5.1.2　在线零售商企业社会责任沟通渠道与消费者响应

企业所有的社会责任活动信息都需要借助渠道传递给利益相关者。从消费者认知的角度,这些渠道既包括第三方的媒体也包括企业自己的渠道。第三方的媒体可以是公立的新闻媒体、第三方的自媒体、消费者的论坛、消费者口碑等,总体上消费者对这些渠道的信任度要更高一些。企业自己的渠道可以是企业每年由公司发布的企业社会责任年度报告、企业公开的其他宣传资料、企业广告、企业官网的企业社会责任活动页面等,这些渠道比起前者信任度略低,但优点在于企业社会责任相关信息内容更加全面。每一种渠道都有自身的特质,也必然会对渠道发布的信息产生影响。

杜遂丽(2010)在研究中将这两类渠道分为可控渠道和不可控渠道,指出企业借助可控渠道发布的信息会因渠道的可控性而严重影响消费者的信任态度,有可能引起消费者对企业社会责任活动信息真实性的怀疑。不同的企业社会责任沟通信息通过差异化的渠道对外发布也是在线零售商应考虑的策略。

因此,本章提出假设 H5a:在线零售商企业社会责任沟通渠道类型对在线零售商企业社会责任表现有显著影响。假设 H5b:在线零售商企业社会责任沟通渠道类型对消费者购买意愿有显著影响。假设 H5c:在线零售商通过不可控渠道比可控渠道发布企业的社会责任活动信息更能促进消费者的社会责任活动响应。

同时,考虑到不同企业社会责任沟通渠道的特点,不可控渠道比可控渠道带给消费者更加可信的感知。因此,不同企业社会责任沟通渠道发布的相同类型沟通信息可能会产生不同的消费者感知。同样,发布在相同的企业社会责任沟通渠道中的不同类型企业社会责任沟通信息也会产生差异化的效果。因此,本书提出假设 H5d:在线零售商企业社会责任沟通渠道类型与在线零售商企业社会责任沟通信息类型之间存在交互作用。

5.1.3　消费者的调节定向与在线零售商企业社会责任沟通

面对企业选择的社会责任活动沟通,不同的消费者会表现出差异化的反应。根据希金斯提出的调节定向理论,促进定向型消费者和预防定向型消费者具有不同的动机倾向(范、希金斯,2005)。促进定向倾向的消费者思想更加开放和积极,在获取的信息中关注"获得",会积极进取努力实现自己预期的目标;而预防定向的消费者更加关注责任和义务,对安全性更加关注和敏感,决策行为也会为了避免发生意料之外的结果而刻意扩大现状和不理想结果之间的差距,在决策和行为上比较保守(希金斯,1998)。

从上述分析中,可以看出消费者的调节定向会影响其对相同企业社会责任活动的响应。因此,本章提出具体的研究假设 H6c:消费者的调节定向在在线零售商的企业社会责任沟通信息类型与消费者企业社会责任响应的关系中起调节作用。假设 H6d：消费者的调节定向在在线零售商的企业社会责任沟通渠道类型与消费者企业社会责任响应的关系中起调节作用。

同样，本章提出假设 H8：在线零售商企业社会责任表现在在线零售商的企业社会责任沟通与消费者购买意愿之间起到了中介作用。

5.1.4 研究假设及概念模型

本章的主要研究假设汇总见表 5.1。

表 5.1 本章研究假设汇总表

原假设	研究假设
H4a	在线零售商的企业社会责任沟通信息类型对在线零售商企业社会责任表现有显著影响
H4b	在线零售商的企业社会责任沟通信息类型对消费者购买意愿有显著影响
H5a	在线零售商的企业社会责任沟通渠道类型对在线零售商社会责任表现有显著影响
H5b	在线零售商的企业社会责任沟通渠道类型对消费者购买意愿有显著影响
H5c	在线零售商通过不可控渠道比可控渠道发布企业社会责任活动信息更能促进消费者的企业社会责任活动响应
H5d	在线零售商企业社会责任沟通渠道类型与沟通信息类型之间存在交互作用
H6c	消费者的调节定向在企业社会责任沟通信息类型与消费者企业社会责任响应的关系中起调节作用
H6d	消费者的调节定向在企业社会责任沟通信息渠道类型与消费者企业社会责任响应的关系中起调节作用
H8	在线零售商企业社会责任表现在在线零售商企业社会责任沟通与消费者购买意愿之间起到了中介作用

根据前面的理论分析和研究假设，本章的概念模型如图 5.1 所示。

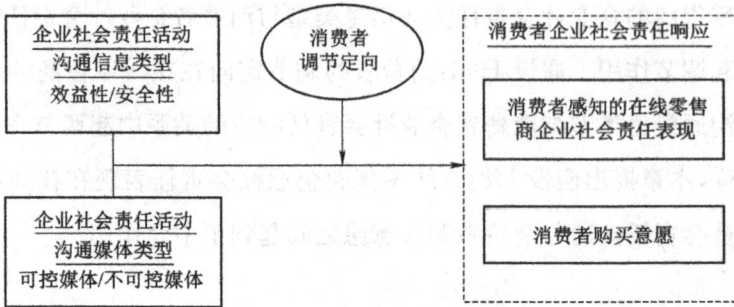

图 5.1　概念模型

5.2　研究设计

5.2.1　情景实验方法

本章的研究仍然需要借助实证研究的重要工具——情境实验法来进行,通过调查问卷的形式搜集数据。为了考察不同在线零售商企业社会责任活动沟通对消费者社会责任响应的影响,研究中采用了虚拟情景、虚拟在线零售商,进行了 2(在线零售商企业社会责任活动沟通信息类型:效益性与安全性)×2(在线零售商企业社会责任沟通渠道:可控渠道与不可控渠道)二因子受试间(Between-Sujects)实验。由于操纵实验对象的调节定向类型需要进行实验对象的二次删选和分组,有可能会引起被试者的抵触感,影响最后实验的真实性。因此,笔者并没有进行消费者的调节定向类型的操纵,而是通过问卷测量来确定消费者的调节定向倾向,使用的是姚琦、乐国安等人提出的"调节定向问卷"。

5.2.2　情境实验材料

对于实验的情境材料包括两个方面需要解释说明:第一,实验企业的选择;第二,实验情境的设计。

1. 实验企业的选择

在本章研究中实验企业仍然选择了虚拟企业:东宝公司,以避免选择真实零售商品牌可能带来的影响,保证被访者在阅读企业的社会责任材料后的反应更加真实地反映企业的社会责任活动效果。虚拟企业虚拟品牌的设计在实验中广泛应用。东宝公司的背景材料的编写参考了我国典型的在线零售企业,如京东、天猫、当当等。

2. 实验情境的设计

本章实验涉及两个变量:在线零售商企业社会责任活动沟通信息类型与在线零售商企业社会责任活动沟通渠道类型。

(1)在线零售商企业社会责任活动沟通信息类型

本部分实验中在线零售商企业社会责任沟通信息类型在肖捷(2013)的研究基础上分为两类:效益性信息与安全性信息。效益性信息更倾向于向消费者传递关于企业社会责任活动能够带来的影响,如企业本身的承担、预期可能的结果、持续的 CSR 计划等;安全性信息更倾向于向消费者传递关于企业社会责任活动的真实性,可以确保项目能够按计划实施。下面为效益性企业社会责任沟通信息与安全性企业社会责任沟通信息材料举例(具体的企业社会责任活动实验材料见附录二)。

在效益性的企业社会责任沟通材料中,在线零售商的企业社会责任活动信息是这样表达的:

"据记者调查,2019 年东宝公司与国务院扶贫办签订了精准扶贫框架协议。东宝公司利用自身电商流量和用户的优势,从地区产业扶贫、地区定向用工扶贫、区域特色创业扶贫和小额贷款金融扶贫等多方面展开扶贫工作。通过这些计划,东宝公司希望对口 100 个全国贫困县的数百个农产品向规模化、品质化和品牌化方向发展,着力打造 100 个农产品标杆品牌,让贫困地区的农产品卖出规模、卖上高价,带动当地农户摆脱贫困。"

在安全性的企业社会责任沟通材料中,在线零售商的企业社会责任活动信息是这样表达的:

"2019 年,我们与国务院扶贫办签订了扶贫框架协议,充分利用自身电商流量和用户的优势开展相关扶贫工作。我们在当年建立了有专人负责的农户种植培训、小额贷款金融服务、前三年免费农资、物流运输支持、平台专业销售、品牌化管理等多个环节的帮扶体系,实行严格的保障计划,定期进行扶贫农户的跟踪回访,保证该扶贫计划的工作落到实处。我们也特别关注在扶贫过程中尽量避免因扶贫计划扩大作物种植等对当地生态带来不必要的伤害。"

(2)在线零售商企业社会责任活动沟通渠道的选择

本部分实验依据杜遂丽(2010)的研究,将在线零售商企业社会责任活动沟通渠道分为两类:可控渠道和不可控渠道。不可控渠道主要是公立的新闻媒体、第三方的自媒体、消费者的论坛、消费者口碑等,在本实验材料中选择以新闻媒体作为情境材料。可控渠道是在线零售商自己的渠道,可以是在线零售商每年由公司发布的企业社会责任年度报告、企业公开的其他宣传资料、企业广告、企业官网的企业社会责任活动页面等,本实验材料中选择的是企业官网发布的社会责任活动材料。实验中可控渠道和不可控渠道发布的社会责任材料具体实验材料见附录二。

可控渠道发布的企业社会责任沟通实验材料描述如下：

"2019 年,我们与国务院扶贫办签订精准扶贫框架协议。我们将充分利用自身电商流量和用户的优势,开展针对性的扶贫政策。我们承诺将把重心放在'农产品上网'上,给予电商流量和经营资源支持,帮助农户把优质农副产品以最快的速度销售出去。通过这些计划,我们希望使对口 100 个全国贫困县数百个农产品实现规模化、品牌化的转变,带动当地农户摆脱贫困。"(材料来自东宝公司网站)

不可控渠道发布的企业社会责任沟通实验材料描述如下：

"据记者调查,2019 年东宝公司与国务院扶贫办签订了扶贫框架协议,充分利用其自身电商流量和用户的优势开展相关扶贫工作。东宝公司在当年就建立了由专人负责的农户种植培训、小额贷款金融服务、前三年免费农资、物流运输支持、平台专业销售、品牌化管理等多个环节的帮扶体系,实行严格的保障计划,定期进行扶贫农户的跟踪回访,保证该扶贫计划的工作落到实处。令人欣喜的是,东宝公司特别关注在扶贫过程中尽量避免因扶贫计划扩大作物种植等对当地生态带来不必要的伤害。"(材料来自新闻联播报道)

5.3　实验变量测量

测量表格分为三个部分。采用的量表多数为成熟量表。

第一部分是对在线零售商企业社会责任活动沟通的操纵量表。共 8 个题项，前 6 个题项测量在线零售商企业社会责任活动沟通信息的倾向性，以进行类型操控。测量量表参考肖捷（2013）研究，删减内容重叠题项，整理调整得到。后两个题项测量在线零售商企业社会责任活动沟通渠道的可控性，以进行渠道类型的操控。测量量表是在杜遂丽（2010）的研究基础上，参考卢东（2006）的测量题项。测量题项见表 5.2（具体量表见附录三）。

表 5.2　在线零售商 CSR 活动的内容操纵

题　　项	测量内容
在线零售商 CSR 沟通信息类型	该公司的企业社会责任活动具有时间上的持续性
	该公司的企业社会责任活动产生的社会效益很大
	该公司的企业社会责任活动产生的经济效益都很大
	该公司有规范的制度来管理监控企业社会责任活动，避免发生偏差
	该公司的企业社会责任活动是无害的，不会产生危害性
	该公司的企业社会责任活动的执行过程是让人安心的
在线零售商 CSR 沟通渠道	该公司企业社会责任活动信息的渠道是中立的
	发布活动的信息结构客观反映事实

第二部分是消费者企业社会责任响应量表。主要讨论消费者响应中的在线零售商社会责任表现与消费者的预期购买意愿。这部分量表包括 6 个题项。前 3 个题项用以测量在线零售商社会责任表现，量表是以贝克·奥尔森，卡德莫尔（2006），贝伦斯（2005，2007）量表为基础，加入网络零售的特定情境后编制。后 3 个题项用以测量消费者预期购买意愿，量表是在莫尔，韦布（2001），李，林（2005），蔡特哈姆尔（1996）的量表基础上考虑网络零售的情境编制。上述量表均被多次使用，其信度与效度都比较好。第二部分

题项见表 5.3(具体量表见附录三)。

表 5.3　消费者的在线零售商 CSR 响应

题　　项	测量内容
消费者感知的在线零售商 CSR 表现	东宝公司是一家我可以信赖的购物网站
	东宝公司是一家关心客户的公司
	东宝公司拥有强大的价值体系
消费者购买意愿	我在东宝公司购买产品的可能性极大
	需要网上购物时,我会优先考虑在东宝网站购买
	你愿意将该网站推荐给朋友和家人

第三部分是消费者的调节定向量表。在这部分中采用的量表是"调节定向问卷(中文版)"(姚琦等,2008)。该量表共包含 10 个题项,其中 6 个促进定向、4 个预防定向。具体题项见表 5.4。

表 5.4　样本特征

统计变量		数　　量	百分比(%)
性别	男	106	46.7
	女	121	53.3
	合计	227	100.0
家庭月收入(元)	5 000 元及以下	112	49.3
	5 000~10 000 元	72	31.7
	10 000~15 000 元	27	11.9
	15 000~20 000 元	10	4.4
	20 000 元及以上	6	2.6
	合计	227	100.0

5.4　数据分析与检验

5.4.1　样本的描述性分析

本次问卷共发放情境材料及调查问卷 300 份,回收 275 份。其中因明显填写不认真以及信息遗漏等问题,去除废卷 73 份,有效问卷 227 份,有效率为 75.7%。本次问卷调查采用了不记名的方式。实验对象为某高校三年级、四年级的在校生,他们拥有独立生活经验,热衷于网络购物。问卷发放选择随机发放四种情境材料和问卷,最后得到的有效问卷中,效益 * 可控的情境共回收实验问卷 62 份,效益 * 不可控的情境共回收实验问卷 51 份,安全 * 可控的情境共回收实验问卷 45 份,安全 * 不可控的情境共回收实验问卷 69 份。性别和家庭收入状态是样本主要的个人差异信息。

5.4.2　信度检验

对测量问卷进行信度检验(Reliability)是为保证问卷能够获得较科学的数据,以保证用该量表对相同的对象进行重复测量能够得到一致性的结果。在进行后续的数据分析之前,首先对所用到的主要题项进行了信度检验。主要的量表包括操纵题项的两个量表,关于在线零售商企业社会责任沟通信息类型的测项包括 6 个,其信度 Cronbach's Alpha 为 0.722;关于在线零售商企业社会责任沟通渠道的测项包括 2 个,其信度 Cronbach's Alpha 为 0.832;在线零售商企业社会责任响应量表包括两个部分,在线零售商企业社会责任表现的测量,包括 3 个题项,其信度 Cronbach's Alpha

为 0.895,消费者对在线零售商产品购买意愿的测量,包括 3 个题项,其信度 Cronbach's Alpha 为 0.991 4。所有的量表信度均大于 0.7,说明量表的可靠性很高。

5.4.3　实验操纵检验

为帮助在线零售商得到真实可靠的策略建议,通过不同的情境操纵来模拟真实的营销状况,以研究消费者的行为差异,获知最有效的策略内容。除调查问项得分外,进行数据处理时,增加了两个变量:沟通信息类型(效益性信息为 1,安全性信息为 0)和沟通渠道(不可控渠道为 1,可控渠道为 0)。单因素方差分析可以帮助验证不同材料的操纵题项得分是否存在显著差异。

在方差分析之前,对原有的变量进行了转换计算。沟通信息类型题项包括两类:效益性信息和安全性信息,用于测量被试对情境材料中的沟通信息倾向。用效益性信息题项的均分减去安全性信息题项的均分得到了偏效益性的沟通信息类型。如果该项的得分为负值,代表沟通信息的类型为安全性信息,如果该项的得分为正值,代表了沟通信息的类型为效益性信息。

将在线零售商企业社会责任沟通信息类型的题项得分作为因变量,对在线零售商企业社会责任沟通信息类型进行单因素方差分析,结果显示 $F_{(3,226)}=135.698$,$P<0.01$,操纵题项中的在线零售商企业社会责任沟通信息类型存在显著差异,见表 5.5。

表 5.5　在线零售商 CSR 沟通信息类型的方差分析

项　目	平方和	自由度	均　方	F　值	显著度
组间	329.690	3	109.897	135.698	0.000
组内	180.600	223	0.810	—	—
合计	510.290	226	—	—	—

将在线零售商企业社会责任沟通渠道的题项得分作为因变量,对在线零售商企业社会责任沟通渠道进行单因素方差分析,结果显示 $F_{(3,223)} = 311.526$,$P < 0.01$,操纵题项中在线零售商企业社会责任沟通渠道类型的得分存在显著差异,见表 5.6。

表 5.6　在线零售商 CSR 沟通渠道类型的方差分析

项　　目	平方和	自由度	均　　方	F　值	显著度
组间	1 009.309	3	336.436	311.526	0.000
组内	240.832	223	1.080	—	—
合计	1 250.141	226	—	—	—

5.4.4　在线零售商企业社会责任沟通与消费者响应

通过上面的分析,已经知道在本实验中的实验操纵是成功的,实验情境能够模拟达到不同的社会责任策略感知状况,可以在前面分析的基础上继续下一步的数据分析,检验在线零售商企业社会责任沟通的差异对消费者社会责任响应的影响。

1. 在线零售商企业社会责任沟通与在线零售商企业社会责任表现

第一,利用双因素方差分析来测量在线零售商企业社会责任沟通信息类型与在线零售商企业社会责任沟通渠道类型对在线零售商 CSR 表现的影响。

表 5.7,在线零售商企业社会责任沟通信息类型的统计结果为 $F = 5.321$,$P = 0.022 < 0.05$,显著说明在线零售商企业社会责任沟通信息的差异会使在线零售商企业社会责任表现产生显著差异。在线零售商企业社会

责任沟通渠道类型的统计结果为 $F=291.852$，$P=0.000<0.01$，非常显著，说明在线零售商企业社会责任沟通渠道类型对在线零售商企业社会责任表现有显著的影响。另外，CSR 沟通信息类型 * CSR 沟通渠道类型的配对结果为 $F=60.618$，$P=0.000<0.01$，非常显著，说明在线零售商企业社会责任沟通信息类型与在线零售商企业社会责任沟通渠道类型之间存在交互效应，也就是说在线零售商企业社会责任沟通渠道类型可以调节企业社会责任沟通的信息类型对在线零售商企业社会责任表现的影响。

表 5.7　在线零售商 CSR 沟通对在线零售商 CSR 表现的影响

因变量：在线零售商 CSR 表现					
项　　目	TypeⅢ 型平方和	自由度	均　　方	F　值	显著度
校正模型	1 847.639ᵃ	3	615.880	125.136	0.000
截距	48 276.245	1	48 276.245	9 808.897	0.000
沟通信息类型	26.187	1	26.187	5.321	0.022
渠道可控性	1 436.403	1	1 436.403	291.852	0.000
CSR 沟通信息类型 * CSR 沟通渠道可控性	298.344	1	298.344	60.618	0.000
误差	1 092.613	222	4.922	—	—
合计	54 181.000	226	—	—	—
校正合计	2 940.252	225	—	—	—
a. R Squared＝0.461(Adjusted R Squared＝0.454)					

　　由于在线零售商企业社会责任沟通渠道与沟通信息类型之间存在显著的交互效应影响，需要分别讨论这两个因素的主效应及它们之间的交互效应。图 5.2 和图 5.3 分别是以两类企业社会责任沟通为横轴显示的不同交互效应效果。

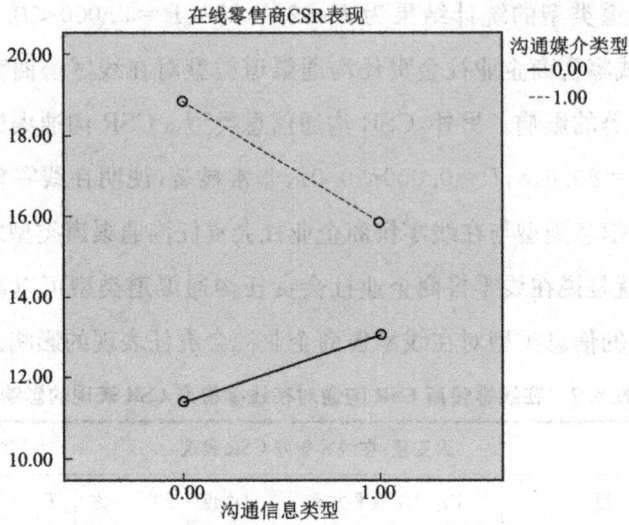

图 5.2　在线零售商 CSR 沟通间的交互效应(在线零售商 CSR 表现)一

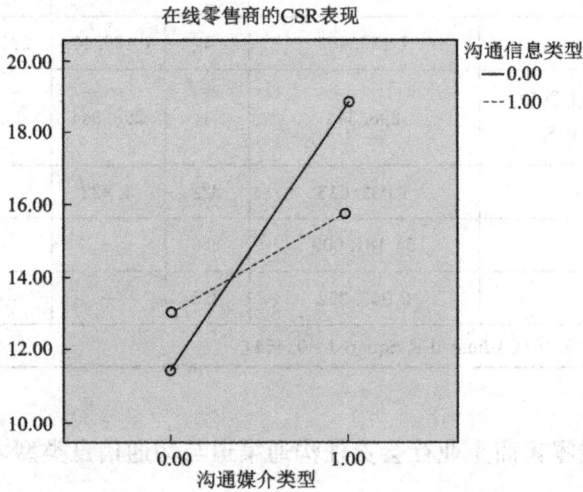

图 5.3　在线零售商 CSR 沟通间的交互效应(在线零售商 CSR 表现)二

　　第二,图 5.2 显示,当在线零售商在可控渠道和不可控渠道发布企业的社会责任信息时,社会责任沟通信息的类别对在线零售商社会责任表现的影响具有显著的差异。虽然企业社会责任沟通信息类型在主效应上表现出对在线零售商企业社会责任表现没有达到非常显著的影响作用,但这是交互效应掩盖了部分事实:在线零售商企业社会责任沟通信息类型在不同企业社会责任沟通渠道类型上表现出了不同的变化趋势。当在线零售商选择在可控渠道上发布企业社会责任沟通信息时,随着企业社会责任沟通信息的类型由安全性信息转变为效益性信息,在线零售商企业社会责任表现呈现出增加的趋势。而当在线零售商选择在不可控渠道上发布企业社会责任沟通信息时,随着企业社会责任沟通信息的类型由安全性信息转变为效益性信息,在线零售商企业社会责任表现呈现出下降的趋势。

以企业社会责任沟通渠道为依据拆分样本,进行在线零售商企业社会责任表现的单因素方差分析,可以得到表 5.8 的结果。表 5.8 显示,在企业社会责任沟通渠道的分组中,企业社会责任沟通信息类型对在线零售商企业社会责任表现的影响都非常显著($F=17.091, P=0.000<0.01; F=46.562, P=0.000<0.01$)。

表 5.8　基于 CSR 沟通渠道分组的在线零售商 CSR 表现方差分析

因变量:在线零售商 CSR 表现;自变量:CSR 沟通信息类型					
CSR 沟通渠道类型		平方和	自由度	均　　方	F　　值	显著度
可控	组间	70.623	1	70.623	17.091	0.000
	组内	438.007	106	4.132	—	—
	合计	508.630	107	—	—	—
不可控	组间	262.759	1	262.759	46.562	0.000
	组内	654.606	116	5.643	—	—
	合计	917.364	117	—	—	—

　　如表 5.9 所示,显示了两个分组中在线零售商企业社会责任表现的均值变化。表中数据显示当在线零售商在两类渠道中发布相关的社会责任信息时,不同的企业社会责任沟通信息类型影响的在线零售商企业社会责任表现的均值变化显著。

表 5.9　基于 CSR 沟通渠道分组的在线零售商 CSR 表现均值

因变量:在线零售商 CSR 表现				
沟通渠道类型	沟通信息类型	均　　值	数　　量	标准差
可控	安全性	11.413 0	46	1.961 59
	效益性	13.048 4	62	2.083 72
	合计	12.351 9	108	2.180 26
不可控	安全性	18.835 8	67	2.240 11
	效益性	15.823 5	51	2.543 27
	合计	17.533 9	118	2.800 13

　　第三,图 5.3 显示,无论在线零售商选择发布何种类型的企业社会责任沟通信息,企业社会责任沟通渠道均对在线零售商社会责任表现有显著的影响。同时,从图表中也可以发现,随着社会责任沟通渠道类型的变化,安全性的企业社会责任沟通信息倾向能够带来更显著的在线零售商企业社会责任表现的变化。以企业社会责任沟通信息类型为分组,进行在线零售商企业社会责任表现的单因素方差分析。

　　表 5.10 显示,在安全性信息和效益性信息的分组中,企业社会责任沟通渠道类型对在线零售商企业社会责任表现的影响均非常显著($F=330.73,P=0.000<0.01;F=40.663,P=0.000<0.01$)。

表 5.10　基于 CSR 沟通信息类型分组的在线零售商 CSR 表现的方差分析

因变量：在线零售商 CSR 表现						
沟通信息类型		平方和	自由度	均　　方	F　　值	显著度
安全性信息	组间	1 502.751	1	1 502.751	330.736	0.000
	组内	504.346	111	4.544	—	—
	合计	2 007.097	112	—	—	—
效益性信息	组间	215.503	1	215.503	40.663	0.000
	组内	588.267	111	5.300	—	—
	合计	803.770	112	—	—	—

表 5.11 显示了两个分组中在线零售商企业社会责任表现的均值变化。表中数据显示当在线零售商在进行企业的社会责任沟通时，不论选择何种企业社会责任沟通信息类型，可控渠道与不可控渠道的变化都可以带来显著的在线零售商企业社会责任表现改变。如果沟通信息倾向于表达企业社会责任活动的安全特点，如按计划、有步骤开展以及真实可信无害等信息，即在线零售商选择发布安全性的企业社会责任信息时，在线零售商选择在不可控渠道发布这些信息能够显著提升消费者感知的企业社会责任表现。通过在线零售商企业社会责任表现均值的变化，可以发现当在线零售商想要对外传递安全性的企业社会责任信息时，不可控渠道比可控渠道的效果提升 65%；当在线零售商想要对外传播的是效益性的企业社会责任信息，不可控渠道能够带来的效果提升为 21%。

表 5.11　基于 CSR 沟通信息类型分组的在线零售商 CSR 表现均值

因变量：在线零售商 CSR 表现				
沟通信息类型	沟通渠道类别	均　　值	数　　量	标准差
安全性信息	可控渠道	11.413 0	46	1.961 59
	不可控渠道	18.835 8	67	2.240 11
	合计	15.814 2	113	4.233 26

续上表

因变量：在线零售商 CSR 表现				
沟通信息类型	沟通渠道类别	均　　值	数　　量	标准差
效益性信息	可控渠道	13.048 4	62	2.083 72
	不可控渠道	15.823 5	51	2.543 27
	合计	14.300 9	113	2.678 90

总之，对在线零售商企业社会责任表现的总体感知受到了企业的社会责任沟通的显著影响。企业社会责任沟通信息类型与沟通渠道类型对在线零售商企业社会责任表现存在交互效应。在企业社会责任沟通信息方面，如果企业社会责任沟通信息选择的发布渠道为可控渠道，那么效益性企业社会责任沟通信息对在线零售商企业社会责任表现的正向影响更大。如果在线零售商企业社会责任沟通信息选择的发布渠道为不可控的渠道，那么安全性的企业社会责任沟通信息能带来更高的在线零售商企业社会责任表现响应。在企业社会责任沟通渠道方面，无论在线零售商发布的企业社会责任信息是效益性还是安全性，不可控渠道比可控渠道能够带给消费者更高的在线零售商企业社会责任表现感知。同时，当在线零售商发布的企业社会责任沟通信息为安全性信息时，渠道类型的差别能带来更高的消费者感知在线零售商企业社会责任表现均值差异。

2. 在线零售商企业社会责任沟通与消费者购买意愿

仍然利用双因素方差分析来测量在线零售商企业社会责任沟通信息类型与沟通渠道类型对消费者购买意愿的影响。

如表 5.12 所示，在线零售商企业社会责任沟通信息类型的统计结果为 $F=9.560$，$P=0.002<0.01$，非常显著，说明消费者购买意愿受到了在线零售商企业社会责任沟通信息类型的显著影响。在线零售商企业社会责任沟

通渠道类型的统计结果为 $F=175.016, P=0.000<0.01$，非常显著，说明在线零售商企业社会责任沟通渠道类型对消费者购买意愿有显著的影响。另外，CSR 沟通信息类型 * CSR 沟通渠道类型的配对结果为 $F=46.390$，$P=0.000<0.01$，非常显著，说明在线零售商企业社会责任沟通信息类型与沟通渠道类型存在交互效应，也就是说，在线零售商企业社会责任沟通的渠道类别可以调节企业社会责任沟通信息类型对消费者购买意愿的影响。

表 5.12　在线零售商 CSR 沟通对消费者购买意愿的影响

因变量:消费者购买意愿					
项　目	Type III 型平方和	自由度	均　方	F　值	显著度
校正模型	1 784.686ᵃ	3	594.895	82.499	0.000
截距	43 966.301	1	43 966.301	6 097.188	0.000
沟通信息类型	68.937	1	68.937	9.560	0.002
沟通渠道类型	1 262.025	1	1 262.025	175.016	0.000
CSR 沟通信息类型 * CSR 沟通渠道类型	334.515	1	334.515	46.390	0.000
误差	1 600.823	222	7.211	—	—
合计	50 151.000	226	—	—	—
校正合计	3 385.509	225	—	—	—
a. R Squared=0.375(Adjusted R Squared=0.367)					

　　在在线零售商企业社会责任沟通对消费者购买意愿的影响上，企业社会责任沟通信息类型与沟通渠道之间也存在显著的交互效应影响。因此，仍需要分别讨论在线零售商企业社会责任沟通渠道与企业社会责任沟通信息类型的主效应及它们之间的交互效应。图 5.4 和图 5.5 分别是以两类企业社会责任沟通为横轴显示的不同交互效应效果。

消费者的购买意愿

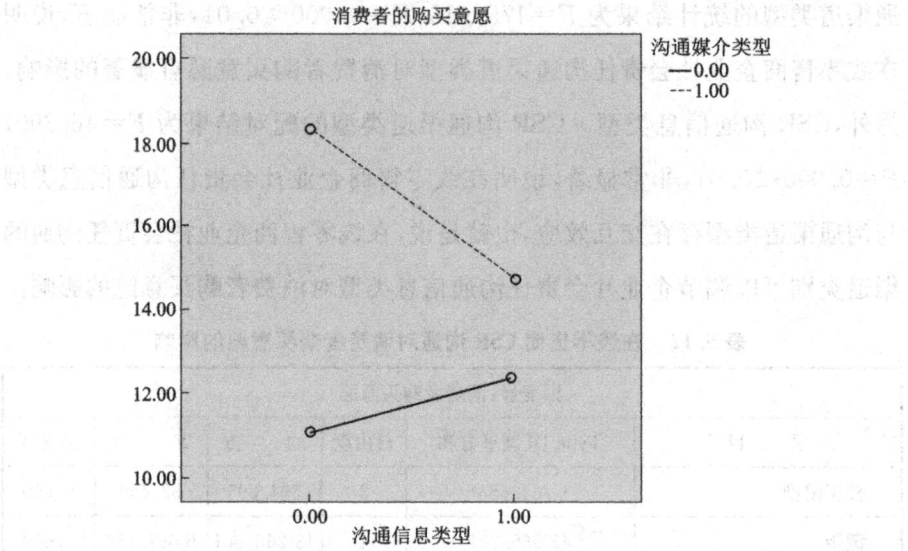

图 5.4　在线零售商 CSR 沟通间的交互效应（消费者购买意愿）一

消费者的购买意愿

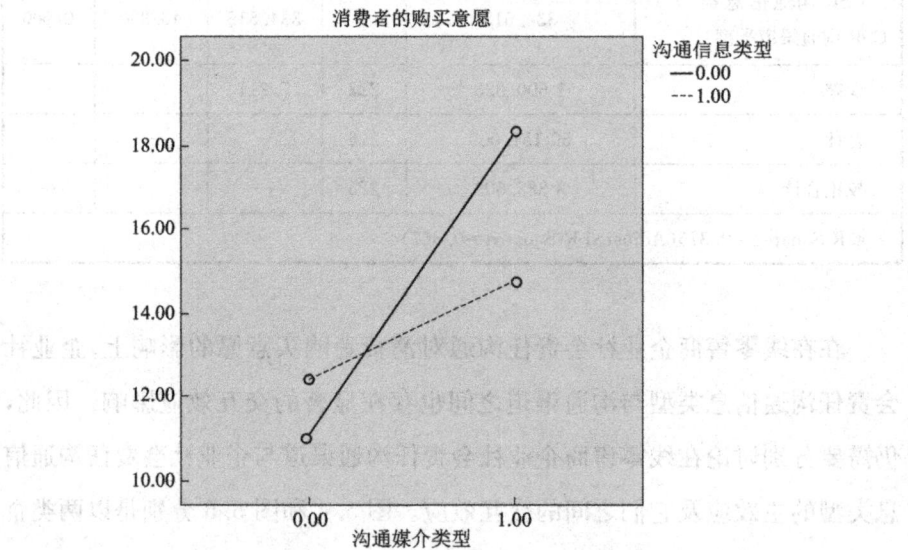

图 5.5　在线零售商 CSR 沟通间的交互效应（消费者购买意愿）二

第一,图 5.4 显示,当在线零售商在可控渠道和不可控渠道发布企业社会责任信息时,沟通信息的类别对消费者购买意愿的影响具有显著的差异。但在线零售商企业社会责任沟通信息类型在不同企业社会责任沟通渠道类型上表现出了不同的变化趋势。当在线零售商选择在可控渠道上发布企业社会责任沟通信息时,随着企业社会责任沟通信息的类型由安全性信息转变为效益性信息,消费者购买意愿呈现出增加的趋势。当企业选择在不可控渠道上发布企业社会责任沟通信息时,随着企业社会责任沟通信息的类型由安全性信息转变为效益性信息,消费者购买意愿呈现出下降的趋势。同样,可以通过分组方差分析的方式进一步检验在线零售商企业社会责任沟通信息类型对消费者购买意愿的影响。以企业社会责任沟通渠道为依据对样本进行拆分,进行消费者购买意愿的单因素方差分析,可以得到表 5.13 的结果。表 5.13 显示,在可控渠道的分组中,企业社会责任沟通信息类型对消费者购买意愿的影响显著($F=7.720, P=0.006<0.01$);在不可控渠道的分组中,企业社会责任沟通信息类型对消费者购买意愿的影响也是非常显著的($F=45.441, P=0.000<0.01$)。

表 5.13　基于 CSR 沟通渠道分组的消费者购买意愿方差分析

因变量:消费者购买意愿;自变量:CSR 沟通信息类型					
CSR 沟通渠道类型		平方和	自由度	均　　方	F　　值	显著度
可控渠道	组间	47.674	1	47.674	7.720	0.006
	组内	654.623	106	6.176	—	—
	合计	702.296	107			
不可控渠道	组间	370.656	1	370.656	45.441	0.000
	组内	946.200	116	8.157	—	—
	合计	1 316.856	117	—	—	

表 5.14 列出了两个分组中消费者购买意愿的均值变化。表中数据显

示,当在线零售商在可控渠道中发布相关的企业社会责任信息时,基于不同的企业社会责任沟通信息类型影响的消费者购买意愿的均值有变化,但变化程度不大。但当在线零售商在不可控渠道中发布相关的企业社会责任信息时,基于不同的企业社会责任沟通信息类型影响的消费者购买意愿的均值变化显著。

表 5.14　基于 CSR 沟通渠道分组的消费者购买意愿均值

因变量:消费者购买意愿				
沟通渠道类型	沟通信息类型	均　　值	数　　量	标准差
可控渠道	安全性	11.043 5	46	2.279 93
	效益性	12.387 1	62	2.626 19
	合计	11.814 8	108	2.561 94
不可控渠道	安全性	18.283 6	67	2.948 07
	效益性	14.705 9	51	2.729 79
	合计	16.737 3	118	3.354 87

第二,图 5.5 显示,无论在线零售商选择何种企业社会责任沟通信息类型,不同的企业社会责任沟通渠道对消费者购买意愿均有显著的影响。同时,从图 5.5 中也可以发现,随着企业社会责任沟通渠道类型的变化,安全性的企业社会责任沟通信息倾向能够带来更显著的消费者购买意愿的变化。从总体上来说,不可控的在线零售商企业社会责任沟通渠道比可控的企业社会责任沟通渠道对消费者购买意愿的正向促进更大。以企业社会责任沟通信息类型分组,进行在线零售商企业社会责任表现的单因素方差分析。

表 5.15 显示,在安全性信息和效益性信息的分组中,企业社会责任沟通渠道类型对消费者购买意愿的影响均非常显著($F=196.522,P=0.000<0.01;F=21.052,P=0.001<0.01$)。

表 5.15　基于 CSR 沟通信息分组的消费者购买意愿方差分析

因变量:消费者购买意愿;自变量:CSR 沟通渠道类型						
CSR 沟通信息类型		平方和	自由度	均　　方	F　　值	显著度
安全性信息	组间	1 429.696	1	1 429.696	196.522	0.000
	组内	807.525	111	7.275	—	—
	合计	2 237.221	112	—	—	—
效益性信息	组间	150.454	1	150.454	21.052	0.000
	组内	793.298	111	7.147	—	—
	合计	943.752	112	—	—	—

表 5.16 列出了两个分组中消费者购买意愿的均值变化。表中数据显示当在线零售商进行企业社会责任沟通时,不论选择何种企业社会责任沟通信息类型,可控渠道与不可控渠道的变化都可以带来显著的消费者购买意愿的改变。如果在线零售商倾向于选择安全性的企业社会责任沟通信息,那么在线零售商选择在不可控渠道发布这些信息能够显著提升消费者的购买意愿。

表 5.16　基于 CSR 沟通信息分组的消费者购买意愿均值

因变量:消费者购买意愿				
沟通信息类型	沟通渠道类型	均　　值	数　　量	标准差
安全性信息	可控渠道	11.043 5	46	2.279 93
	不可控渠道	18.283 6	67	2.948 07
	合计	15.336 3	113	4.469 36
效益性信息	可控渠道	12.387 1	62	2.626 19
	不可控渠道	14.705 9	51	2.729 79
	合计	13.433 6	113	2.902 82

总之,在线零售商企业社会责任沟通对消费者购买意愿具有显著的影响。企业社会责任沟通信息类型与沟通渠道类型对消费者购买意愿的影响

中存在交互效应。在沟通信息方面，如果在线零售商企业社会责任沟通信息选择的发布渠道为可控渠道，那么效益性企业社会责任沟通信息对消费者购买意愿的正向影响更大。如果在线零售商企业社会责任沟通信息选择的发布渠道为不可控渠道，那么安全性的企业社会责任沟通信息能带来更高的消费者购买意愿响应。而在沟通渠道方面，无论在线零售商发布的企业社会责任信息是效益性还是安全性，不可控渠道比可控渠道能够带给消费者更高的购买意愿。同时，当在线零售商发布的企业社会责任沟通信息为安全性信息时，渠道类型的差别能带来更高的消费者购买意愿的均值差异。

在上述统计结果的基础上，可以对本章的部分假设进行总结。统计结果验证了假设 H4a（在线零售商企业社会责任沟通信息类型对在线零售商企业社会责任表现有显著影响）和假设 H4b（在线零售商企业社会责任沟通信息类型对消费者购买意愿有显著影响）。研究结果显示，总体上在线零售商企业社会责任沟通信息类型对在线零售商社会责任表现及消费者购买意愿均有较为显著的影响，但针对不同企业社会责任沟通渠道类型，这一影响会呈现不同的变化方向。当在线零售商选择通过不可控渠道发布这些企业社会责任沟通信息时，在线零售商企业社会责任沟通信息中的安全性信息相比效益性信息更能显著增强消费者对企业社会责任的正向响应，相应地带来在线零售商企业社会责任表现的增加及消费者购买意愿的增加。但当在线零售商选择通过可控渠道发布这些企业社会责任沟通信息时，效益性在线零售商企业社会责任沟通信息比安全性的企业社会责任沟通信息更能促进对消费者企业社会责任的正面响应。

实证结果验证了假设 H5a（在线零售商企业社会责任沟通渠道类型对在线零售商企业社会责任表现有显著影响）和假设 H5b（在线零售商企

业社会责任沟通渠道类型对消费者购买意愿有显著影响），即在线零售商企业社会责任沟通渠道类型对消费者的企业社会责任响应均存在显著的影响。同时，在线零售商通过不可控渠道发布企业的社会责任活动信息比可控渠道发布企业的社会责任信息更能够促进消费者的企业社会责任活动响应。假设 H5c 得到验证。最后，前面的实证结果也显示，在线零售商企业社会责任沟通信息类型和沟通渠道类型之间存在显著的交互作用，影响在线零售商企业社会责任表现以及消费者购买意愿。假设 H5d 也得到了验证。

5.4.5　消费者的调节定向对在线零售商企业社会责任沟通的调节作用

根据第二章和第三章的理论回顾与分析，认为消费者的动机类型会影响其对相关策略的感知，进而影响其对策略的响应。因而，相同的在线零售商企业社会责任沟通在不同的消费者眼中可能会展现出不同的效应。在了解在线零售商企业社会责任沟通对消费者响应的影响作用时，应该分析消费者的调节定向可能在其中起到的调节作用。调节作用是变量间常见的作用方式。

基于 5.4.4 节的分析，发现在对在线零售商企业社会责任表现及消费者购买意愿的影响作用中，在线零售商企业社会责任沟通信息类型与企业社会责任沟通渠道类型之间存在着显著的交互效应。因此，在研究消费者调节定向在企业社会责任沟通对消费者企业社会责任响应中的调节作用时，不能单独分析独立自变量的效应，而应该考虑加入调节定向后整个影响关系的变化，进而确定消费者的调节定向是否起到了调节作用。下面将依次以在线零售商企业社会责任表现与消费者购买意愿为因变量，以在线零售商的企业社会责任沟通和消费者的调节定向为自变量，进行多因素方差分析。

1. 消费者调节定向类型的确定

在本实验中，采用姚琦、乐国安（2008）的调节定向问卷进行测量。该问卷一共包含 10 个题项，其中有 6 个题项是关于促进定向的，有 4 个题项是关于预防定向的。题项中的 1、3、6、7、9、10 属于促进定向维度，而剩下的 2、4、5、8 属于预防定向维度。根据希金斯和弗里德曼等人在 2001 年提供的计算消费者主导的调节定向类型的方法，可以对数据进行以下处理：计算被访问者促进定向维度平均分和预防定向的平均分；以促进定向维度的平均分减去预防定向的平均分，得到的是消费者偏促进定向的程度；以该分值的中位数进行样本平分，得到本实验的两个类别，偏促进定向的被访问者有 117 人，偏预防定向的被访问者有 109 人；在实验数据中增加变量消费者的调节定向（促进定向为 1，预防定向为 0）。

2. 消费者的调节定向在企业社会责任沟通对在线零售商企业社会责任表现影响中的作用

表 5.17　调节定向、CSR 沟通对在线零售商 CSR 表现的影响

因变量：在线零售商 CSR 表现					
项　　目	Type III 型平方和	自由度	均　　方	F　值	显著度
校正模型	2 155.004[a]	7	307.858	85.467	0.000
截距	47 514.243	1	47 514.243	13 190.862	0.000
沟通信息类型	26.294	1	26.294	7.300	0.007
沟通渠道类型	1 327.694	1	1 327.694	368.593	0.000
调节定向	68.603	1	68.603	19.045	0.000

续上表

因变量:在线零售商 CSR 表现					
项　　目	Type Ⅲ 型平方和	自由度	均　　方	F　值	显著度
CSR 沟通信息类型 ∗ CSR 沟通渠道类型	367.579	1	367.579	102.047	0.000
CSR 沟通信息类型 ∗ 调节定向	172.413	1	172.413	47.865	0.000
CSR 沟通渠道类型 ∗ 调节定向	21.130	1	21.130	5.866	0.016
CSR 沟通信息类型 ∗ CSR 沟通渠道类型 ∗ 调节定向	31.764	1	31.764	8.818	0.003
误差	785.249	218	3.602	—	—
合计	54 181.000	226	—	—	—
校正合计	2 940.252	225	—	—	—
a. R Squared=0.733(Adjusted R Squared=0.724)					

通过多因素方差分析,检验三个自变量(消费者调节定向、在线零售商企业社会责任沟通信息类型和在线零售商企业社会责任沟通渠道类型)对在线零售商企业社会责任表现的影响,以检测消费者调节定向的调节作用。

从表 5.17 可以发现,在加入调节定向这一因素后,在线零售商企业社会责任沟通信息类型($F=7.300,P=0.007<0.01$)、企业社会责任沟通渠道类型($F=368.593,P=0.000<0.01$)以及两者之间的交互作用($F=102.047,P=0.000<0.01$)仍对在线零售商企业社会责任表现具有显著的影响作用。数据分析的结果显示,消费者的调节定向对在线零售商社会责任表现具有显著的影响($F=19.045,P=0.000<0.01$)。另外,实验中多个交互效应存在。消费者的调节定向可以调节企业社会责任沟通信息类型对

在线零售商社会责任表现的影响($F=47.865,P=0.000<0.01$)以及企业社会责任沟通渠道类型对在线零售商企业社会责任表现的影响($F=5.866,P=0.016<0.05$),同时,消费者的调节定向与企业社会责任沟通信息类型、企业社会责任沟通渠道类型之间的交互作用也显著影响在线零售商企业社会责任表现($F=8.818,P=0.003<0.01$)。下面将依次分析消费者的调节定向对在线零售商企业社会责任沟通信息类型和在线零售商企业社会责任沟通渠道类型的调节作用。

第一,消费者的调节定向在在线零售商企业社会责任沟通信息类型影响在线零售商企业社会责任表现的关系中的调节作用。

图5.6分别为消费者调节定向类型对在线零售商社会责任沟通信息类型的调节作用以及不同企业社会责任沟通渠道类型下的调节作用。

图5.6(a)显示,总体上在线零售商企业社会责任沟通信息类型对在线零售商企业社会责任表现的影响受到消费者调节定向的调节作用。图中显示了多个信息:首先,随着在线零售商企业社会责任沟通信息类型的变化,不同调节定向的消费者表现出了不同的变化趋势。效益性企业社会责任沟通信息能促进偏促进定向的消费者形成高的购买意愿,而安全性信息能使偏预防定向的消费者形成高的在线零售商企业社会责任表现。其次,偏预防定向倾向的消费者能显著加强企业社会责任沟通信息类型的变化对其形成的在线零售商企业社会责任表现的影响,形成了较大的均值变化。

图5.6(b)显示,在线零售商选择将企业社会责任沟通信息通过可控渠道传播给目标消费者的过程中,消费者的调节定向对企业社会责任沟通信息类型的调节作用。当在线零售商选择可控渠道传播企业的社会责任沟通信息时,随着企业社会责任沟通信息类型的变化,预防定向和促进定向的消费者表现出了总体一致的变化趋势,即企业社会责任沟通信息类型由安全

性信息转变为效益性信息,在线零售商企业社会责任表现都有所增加。但明显不同的是预防定向的消费者形成的在线零售商企业社会责任表现总体上表现出了不大的均值变化,而促进倾向的消费者对效益性信息表现出了更大的响应。

在线零售商的CSR表现

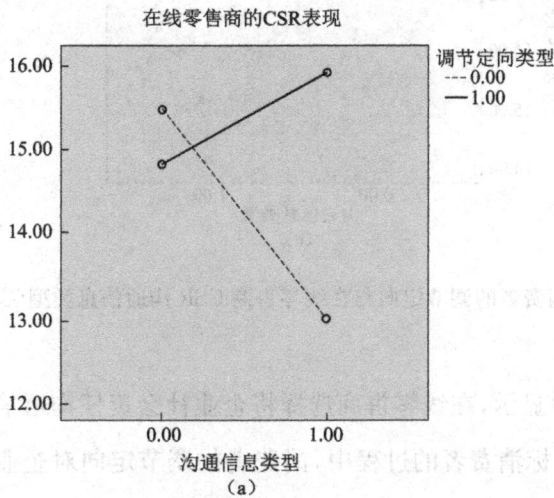

(a)

at沟通媒介类型=.00

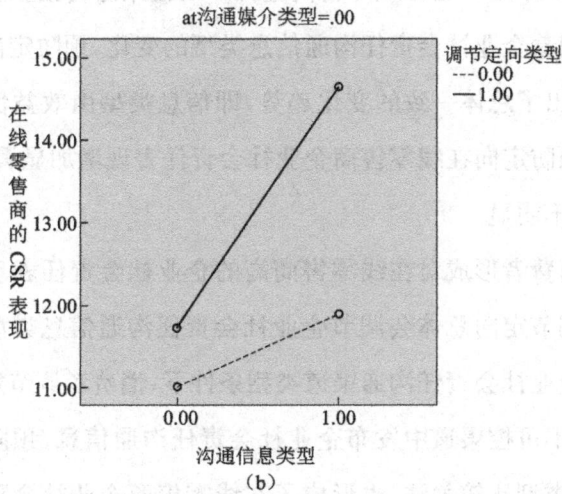

(b)

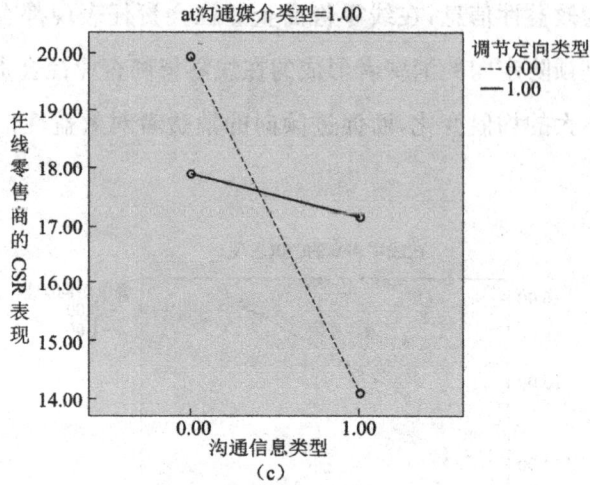

图 5.6　消费者的调节定向与在线零售商 CSR 沟通信息类型(CSR 表现)一

图 5.6(c)显示,在线零售商选择将企业社会责任沟通信息通过不可控渠道传播给目标消费者的过程中,消费者的调节定向对企业社会责任沟通信息类型的调节作用。当在线零售商选择不可控渠道传播企业的社会责任沟通信息时,随着企业社会责任沟通信息类型的变化,预防定向和促进定向的消费者表现出了总体一致的变化趋势,即信息类型由效益性信息转变为安全性信息,预防定向在线零售商企业社会责任表现增加显著,而促进定向的消费者变化不明显。

总之,在消费者形成对在线零售商高的企业社会责任表现感知的过程中,消费者的调节定向总体会调节企业社会责任沟通信息类型的作用。同时,在不同的企业社会责任沟通渠道类型条件下,消费者调节定向的作用会有所不同。在不可控渠道中发布企业社会责任沟通信息,预防定向的消费者对沟通信息类型比较关注,也形成了在线零售商企业社会责任表现较大的均值变化,而促进定向的消费者此时对信息类型的变化不太敏感。在可控渠道中发布企业社会责任沟通信息,促进定向的消费者对沟通信息类型比较敏感,展现出信息类型差异化的影响,而预防定向的消费者对企业社会责任沟通信息类型的变化不太关注。

第二,消费者的调节定向在在线零售商企业社会责任沟通渠道类型影响在线零售商企业社会责任表现关系中的调节作用。

图 5.7 分别为消费者调节定向类型对在线零售商企业社会责任沟通渠道类型的调节作用以及不同企业社会责任沟通信息类型下的调节作用。

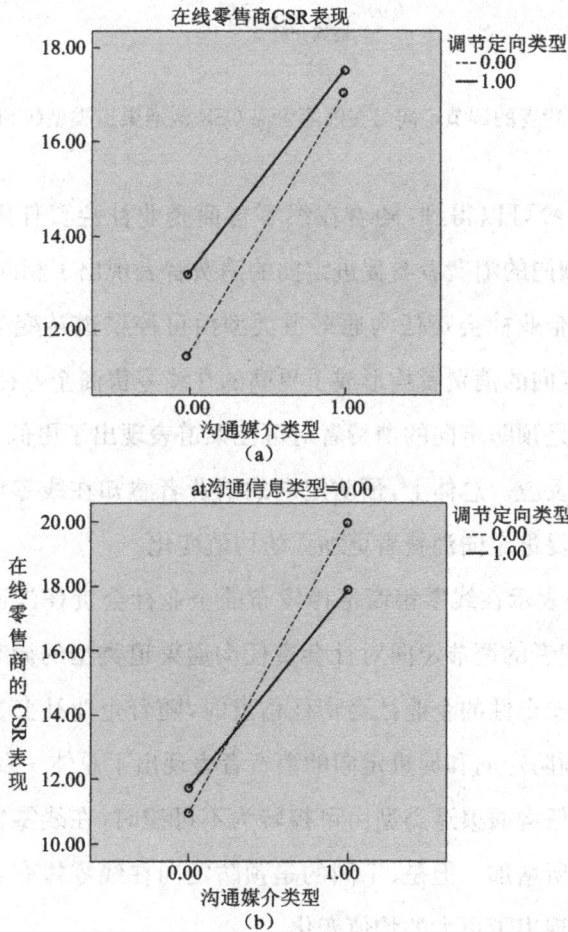

（a）

（b）

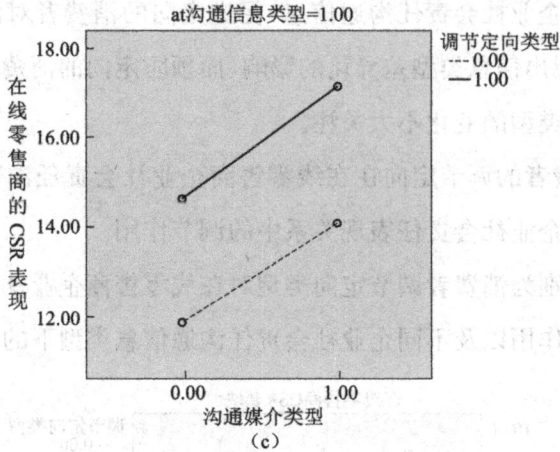

图 5.7　消费者的调节定向与在线零售商 CSR 沟通渠道类型(CSR 表现)二

　　从图 5.7(a)可以得到,随着在线零售商企业社会责任渠道类型的变化,预防定向倾向的消费者与促进定向的消费者表现出了相同的变化趋势。当在线零售商企业社会责任沟通渠道类型由可控渠道转变为不可控渠道时,不同调节定向的消费者均形成了更高的在线零售商企业社会责任表现。有差异的地方是预防定向的消费者对可控渠道表现出了更低的在线零售商企业社会责任反应。总体上,预防定向的消费者感知在线零售商企业社会责任表现了比促进定向消费者更加大的均值变化。

　　图 5.7(b)表示在线零售商选择发布的企业社会责任沟通信息为安全性信息时,消费者的调节定向对社会责任沟通渠道类型的调节作用。当在线零售商选择安全性的企业社会责任信息时,随着企业社会责任沟通渠道类型的变化,预防定向和促进定向的消费者表现出了总体一致的变化趋势,即企业社会责任沟通渠道类型由可控转为不可控时,在线零售商企业社会责任表现都有所增加。但是,不同的是预防定向在线零售商企业社会责任表现总体上表现出了更大的均值变化。

图 5.7(c)表示在线零售商选择发布的企业社会责任沟通信息为效益性的企业社会责任信息时,消费者的调节定向对企业社会责任沟通渠道类型的调节作用。当在线零售商选择效益性的企业社会责任信息时,随着企业社会责任沟通渠道类型的变化,预防定向和促进定向的消费者表现出了总体一致的变化趋势,即企业社会责任沟通渠道类型由可控转为不可控时,在线零售商企业社会责任表现都有所增强。总体上,促进定向的消费者比预防定向的消费者表现出了更高的在线零售商企业社会责任表现感知。

总之,消费者在形成对在线零售商企业社会责任感知的过程中,消费者的调节定向倾向总体会调节在线零售商企业社会责任沟通渠道类型的作用。同时,在不同的企业社会责任沟通信息类型条件下,消费者调节定向的作用会有所不同。当在线零售商传播安全性企业社会责任信息时,预防倾向的消费者对企业社会责任沟通渠道类型比较关注,也会形成比促进定向消费者更高的在线零售商企业社会责任表现均值变化,这意味着安全性企业社会责任沟通信息在不可控渠道的传播会很显著促进预防定向倾向的消费者形成正向的在线零售商企业社会责任表现。当在线零售商传播效益性企业社会责任信息时,预防定向的消费者与促进定向的消费者均表现出了相同的变化趋势。虽然总体上促进定向倾向的消费者比预防定向的消费者对在线零售商企业社会责任表现评价更高,但当在线零售商发布效益性信息的时候,预防定向的消费者和促进定向倾向的消费者因企业社会责任沟通渠道类型而产生的在线零售商企业社会责任表现变化均不显著。

3. 消费者的调节定向在 CSR 沟通对消费者购买意愿影响中的作用

下面继续通过多因素方差分析检验在线零售商企业社会责任沟通信息类型、企业社会责任沟通渠道类型以及消费者的调节定向对消费者购买意愿的影响,以检测消费者的调节定向的调节作用。

从表 5.18 可以发现,在加入调节定向后,在线零售商社会责任沟通信息类型($F=10.405,P=0.001<0.01$)、社会责任沟通渠道类型($F=185.968,P=0.000<0.01$)以及两者之间的交互作用($F=60.598,P=0.000<0.01$)对消费者购买意愿的影响作用非常显著。消费者的调节定向对消费者的购买意愿强弱具有显著的影响($F=5.319,P=0.022<0.05$)。另外,在实验中有多个交互效应存在。消费者的调节定向可以调节企业社会责任沟通信息类型对消费者购买意愿的影响($F=12.575,P=0.000<0.01$)以及企业社会责任沟通渠道类型对消费者购买意愿的影响($F=4.504,P=0.035<0.05$),同时,消费者的调节定向与在线零售商企业社会责任沟通信息类型、企业社会责任沟通渠道类型之间的交互作用也显著影响消费者购买意愿($F=5.847,P=0.016<0.05$)。下面将依次分析在形成消费者购买意愿的过程中,消费者的调节定向对在线零售商企业社会责任沟通信息类型和在线零售商企业社会责任沟通渠道类型的调节作用。

表 5.18 调节定向、CSR 沟通对消费者购买意愿的影响

因变量:消费者购买意愿				
项 目	Type III 型平方和	自由度	均 方	F 值	显著度
校正模型	1 977.267ª	7	282.467	43.727	0.000
截距	43 224.126	1	43 224.126	6 691.224	0.000
沟通信息类型	67.213	1	67.213	10.405	0.001
沟通渠道类型	1 201.322	1	1 201.322	185.968	0.000
调节定向	34.362	1	34.362	5.319	0.022
CSR 沟通信息类型 * CSR 沟通渠道类型	391.451	1	391.451	60.598	0.000
CSR 沟通信息类型 * 调节定向	81.235	1	81.235	12.575	0.000

续上表

因变量:消费者购买意愿					
项　　目	Type III 型平方和	自由度	均　　方	F　　值	显著度
CSR 沟通渠道类型 * 调节定向	29.097	1	29.097	4.504	0.035
CSR 沟通信息类型 * CSR 沟通渠道类型 * 调节定向	37.772	1	37.772	5.847	0.016
误差	1 408.241	218	6.460	—	—
合计	50 151.000	226	—	—	—
校正合计	3 385.509	225	—	—	—
a. R Squared＝0.733(Adjusted R Squared＝0.724)					

第一,消费者的调节定向对在线零售商企业社会责任沟通信息类型影响消费者购买意愿关系中的调节作用。

如图 5.8 所示,分别为消费者调节定向类型对在线零售商企业社会责任沟通信息类型的调节作用以及不同企业社会责任沟通渠道类型下的调节作用。

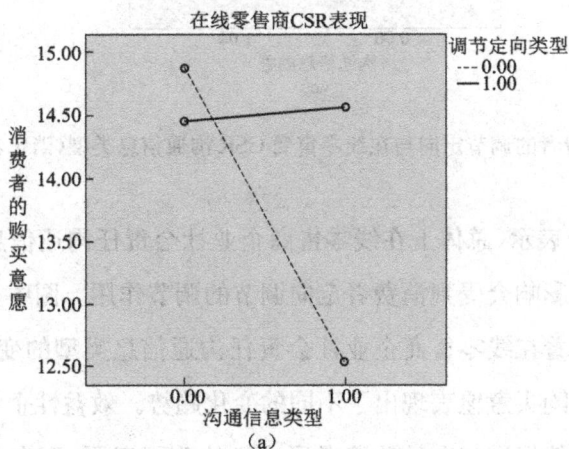

（a）

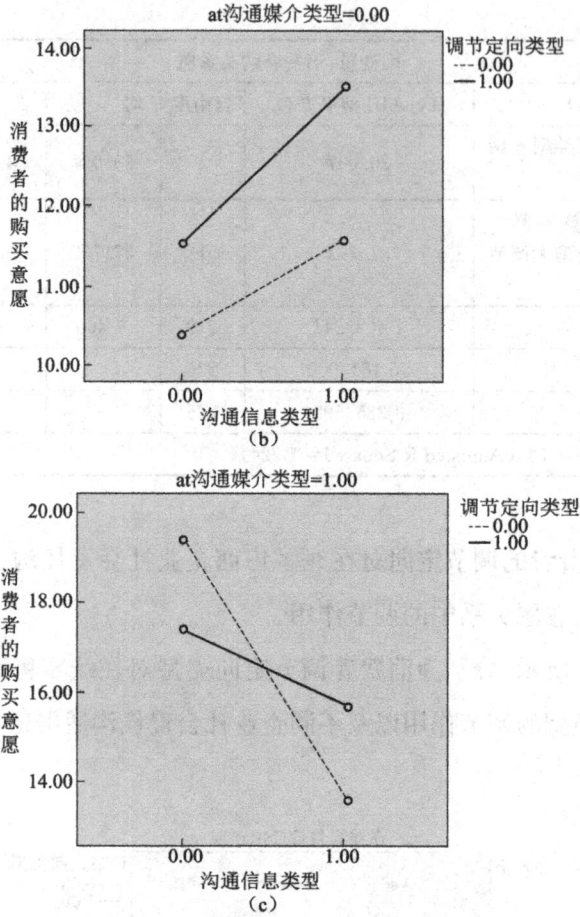

图 5.8 消费者的调节定向与在线零售商 CSR 沟通信息类型(消费者购买意愿)

图 5.8(a)表示,总体上在线零售商企业社会责任沟通信息类型对消费者购买意愿的影响会受到消费者定向调节的调节作用。图中显示了重要的信息:首先,随着在线零售商企业社会责任沟通信息类型的变化,不同调节定向消费者的购买意愿表现出了不同的变化趋势。效益性企业社会责任沟通信息能促进偏促进定向的消费者形成高的购买意愿,而安全性信息能促

进偏预防定向的消费者形成高的购买意愿。其次,偏预防定向倾向的消费者能显著加强企业社会责任沟通信息类型的变化对其形成的购买意愿的影响,形成比偏促进定向倾向的消费者更大的均值变化。

图 5.8(b)表示,在线零售商选择将企业社会责任沟通信息通过可控渠道传播给目标消费者时,消费者的调节定向对企业社会责任沟通信息类型的调节作用。当在线零售商选择可控渠道传播企业社会责任信息时,随着企业社会责任沟通信息类型的变化,预防定向和促进定向的消费者表现出了总体一致的变化趋势,社会责任沟通信息类型由安全性信息转变为效益性信息,消费者购买意愿都有所增加。但是,不同的是预防定向的消费者形成的购买意愿总体上表现出了不大的均值变化,而促进倾向的消费者对效益性社会责任沟通信息表现出了更大的响应。

图 5.8(c)表示,在线零售商选择将企业社会责任沟通信息通过不可控渠道传播给目标消费者的过程中,消费者的调节定向对企业社会责任沟通信息类型的调节作用。当在线零售商选择不可控渠道传播企业社会责任信息时,随着企业社会责任沟通信息类型的变化,预防定向和促进定向的消费者表现出了总体一致的变化趋势,即信息类型由效益性信息转变为安全性信息,在线零售商企业社会责任表现均有所增加,预防定向倾向的消费者购买意愿的均值变化更加显著,而促进定向的消费者变化不明显。

总之,在消费者形成购买意愿的过程中,消费者的调节定向倾向总体会调节在线零售商企业社会责任沟通信息类型的作用,从而显现出不同的消费者购买意愿均值变化。同时,在不同的企业社会责任沟通渠道类型条件下,消费者调节定向的作用会有所不同。在可控渠道中发布企业社会责任沟通信息,促进定向的消费者对信息类型比较关注,也形成了消费者购买意愿较大的均值变化,而预防定向的消费者此时对信息类型的变化不太敏感。在不可控渠道中发布企业社会责任沟通信息,预防定向的消费者对沟通信息类型比较敏感,展现出信息类型差异化的影响,而促进定向的消费者对企业社会责任沟通信息类型的变化不太关注。

第二,消费者的调节定向在企业社会责任沟通渠道类型影响消费者购买意愿作用中的调节作用。

如图5.9所示,分别为消费者调节定向类型对企业社会责任沟通信息类型的调节作用以及不同企业社会责任沟通渠道类型下的调节作用。

图5.9(a)看到,企业社会责任沟通渠道类型对消费者购买意愿的影响会受到消费者定向调节的调节,但其影响作用没有达到非常显著。首先,随着在线零售商企业社会责任沟通渠道类型的变化,不同调节定向的消费者对在线零售商产品的购买意愿表现出了相似的变化趋势。企业社会责任沟通渠道的可控性都会减少消费者对在线零售商形成的购买意愿,不可控的企业社会责任沟通渠道均能不同程度上促使消费者产生更高的购买意愿。其次,偏预防定向倾向的消费者能强化企业社会责任沟通渠道类型的变化对其形成的在线零售商企业社会责任表现的影响,形成了较大的均值变化,尤其表现在当信息在可控渠道发布时,偏预防定向的消费者表现了比偏促进定向倾向的消费者更低的购买意愿。

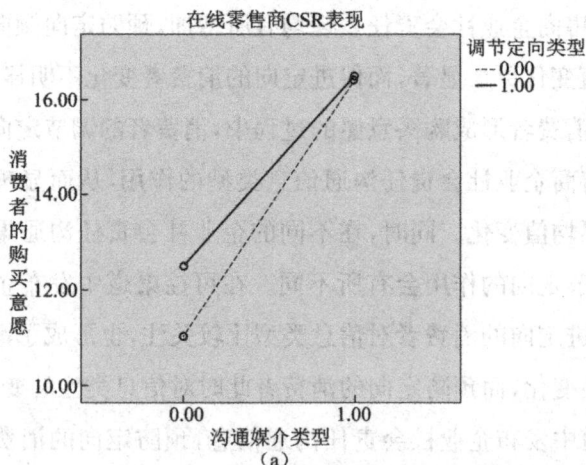

（a）

at沟通信息类型=0.00

at沟通信息类型=1.00

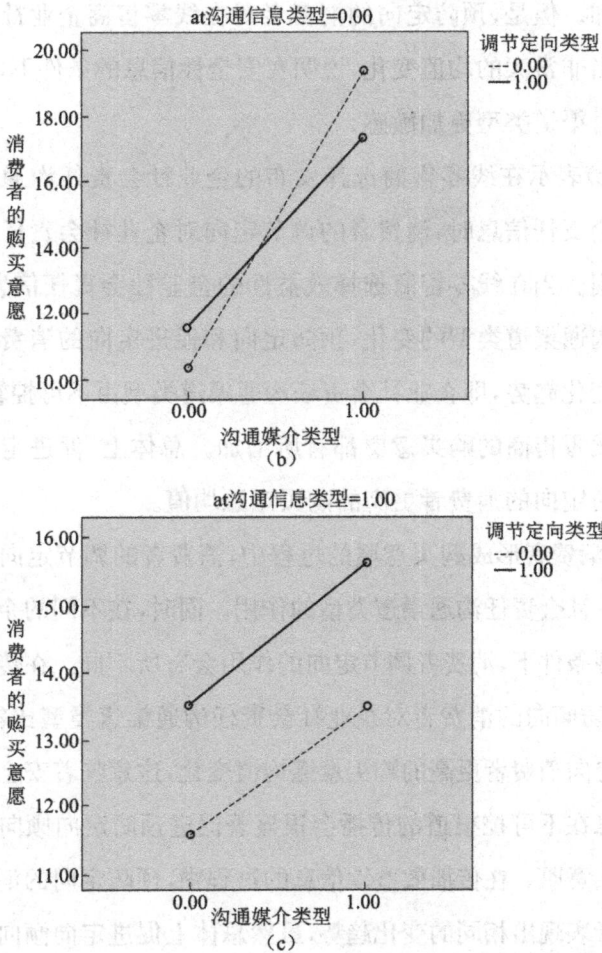

图 5.9　消费者的调节定向与在线零售商 CSR 沟通渠道类型(消费者购买意愿)二

图 5.9(b)表示在线零售商选择发布的企业社会责任沟通信息为安全性信息时,消费者的调节定向对企业社会责任沟通渠道类型的调节作用。当在线零售商选择安全性信息时,随着企业社会责任沟通渠道类型的变化,预防定向和促进定向的消费者表现出了总体比较一致的变化趋势,即企业社会责任沟通渠道类型由不可控转为可控时,在线零售商企业社会责任表

现都有所增加。但是,预防定向的消费者对在线零售商企业社会责任表现的感知表现出非常大的均值变化,说明在安全性信息的条件下,预防定向倾向的消费者对渠道类型更加敏感。

图 5.9(c)表示在线零售商选择发布的企业社会责任沟通信息为效益性的企业社会责任信息时,消费者的调节定向对企业社会责任沟通渠道类型的调节作用。当在线零售商选择效益性的企业社会责任信息时,随着企业社会责任沟通渠道类型的变化,预防定向和促进定向的消费者表现出总体并一致的变化趋势,即企业社会责任沟通渠道类型由不可控转为可控时,消费者对在线零售商的购买意愿都有所增加。总体上,促进定向的消费者表现出比预防定向的消费者更高的购买意愿均值。

总之,在消费者形成购买意愿的过程中,消费者的调节定向倾向在总体上会调节企业社会责任沟通渠道类型的作用。同时,在不同的企业社会责任沟通信息类型条件下,消费者调节定向的作用会有所不同。在传播安全性信息的时候,预防倾向的消费者对企业社会责任沟通渠道类型比较关注,也会形成比促进定向消费者更高的购买意愿均值变化,这意味着安全性企业社会责任沟通信息在不可控渠道的传播会很显著促进预防定向倾向的消费者形成正向的购买意愿。在传播效益性信息的过程中,预防定向的消费者与促进定向的消费者表现出相同的变化趋势,虽然总体上促进定向倾向的消费者比预防定向的消费者产生了更高的购买意愿,但当在线零售商发布效益性信息的时候,预防定向的消费者和促进定向的消费者因企业社会责任沟通渠道类型而产生的购买意愿变化比较一致,消费者的调节定向作用较微。

综上所述,通过统计结果分析,可以对本章部分假设进行总结。总体上,在消费者形成在线零售商企业社会责任表现及购买意愿的过程中,消费者的调节定向类型对在线零售商企业社会责任沟通有调节作用,假设 H6c (消费者的调节定向在企业社会责任沟通信息类型与消费者企业社会责任响应的关系中起调节作用）和假设 H6d（消费者的调节定向在企业社会责任沟通渠道类型与消费者企业社会责任响应的关系中起调节作用）被验证。在具体的状况下,消费者的调节定向对在线零售商企业社会责任沟通的调节作用有所不同。

在消费者评价在线零售商企业社会责任表现的过程中,消费者的调节定向倾向在总体上会调节企业社会责任沟通的影响作用:①在不可控渠道中发布企业社会责任沟通信息,预防定向的消费者对信息类型比较关注,也形成了在线零售商企业社会责任表现较大的均值变化,而促进定向的消费者此时对信息类型的变化不太敏感;②在可控渠道中发布企业社会责任沟通信息,促进定向的消费者对信息类型比较敏感,展现出信息类型差异化的影响,而预防定向的消费者对信息类型的变化不太关注;③在传播安全性企业社会责任信息的时候,预防倾向的消费者对企业社会责任沟通渠道类型比较关注,会形成比促进定向消费者更高的在线零售商企业社会责任表现均值变化;④在传播效益性企业社会责任信息的过程中,预防定向倾向的消费者与促进定向倾向的消费者表现出了相同的变化趋势。

在消费者形成购买意愿的过程中,消费者的调节定向倾向在总体上会调节企业社会责任沟通的影响,从而形成不同的消费者购买意愿均值变化:①在可控渠道中发布企业社会责任沟通信息,促进定向的消费者对信息类型比较关注,也形成了消费者购买意愿较大的均值变化,而预防定向的消费者此时对信息类型的变化不太敏感;②在不可控渠道中发布企业社会责任沟通信息,预防定向的消费者对信息类型比较敏感,展现出信息类型差异化的影响,而促进定向的消费者对信息类型的变化不太关注;③在传播安全性企业社会责任信息的时候,预防倾的消费者对社会责任沟通渠道类型比较关注,也会形成比促进定向消费者更高的购买意愿均值变化;④在传播效益性企业社会责任信息的过程中,预防定向的消费者与促进定向的消费者的变化趋势一致。

5.4.6 在线零售商企业社会责任表现的中介作用

本实验将会继续验证在线零售商企业社会责任沟通与消费者购买意愿之间是否存在在线零售商企业社会责任表现的中介作用。依据温忠麟等(2004)提出的中介效应检验程序,首先建立三组回归模型:

模型 1：$PW = \omega_1 X_1 + \omega_2 X_2 + \varepsilon_1$ （5.1）

模型 2：$PW = \omega_3 X_1 + \omega_4 X_2 + \varepsilon_2$ （5.2）

模型 3：$PW = \omega_5 X_1 + \omega_6 X_2 + \omega_5 M + \varepsilon_3$ （5.3）

其中,PW 代表消费者购买意愿,X_1 代表在线零售商企业社会责任沟通信息类型,X_2 代表在线零售商企业社会责任沟通渠道类型,M 代表在线零售商企业社会责任表现。

通过共线性诊断,三组回归的最小容忍度为 0.473,最高容忍度为 0.980。说明三组模型都可以进行回归分析。结果见表 5.19。模型 1 的显著度很高,满足第一步的中介分析条件。第二步进行的两个回归分析的显著度也都很高。因此,不需要进行进一步的 Sobel 检验。从模型 3 可以看出,在消费者购买意愿的回归模型中加入了在线零售商企业社会责任表现之后,在线零售商企业社会责任沟通信息类型和在线零售商企业社会责任沟通渠道类型的系数都发生非常大的变化。需要解释的是在线零售商企业社会责任沟通信息类型中 1 代表效益性、0 代表安全性,因此,在回归方程中回归系数如果为负值,代表了安全性对因变量有正向影响;如果回归系数为正值,代表了效益性对因变量有正向影响。企业社会责任沟通渠道类型中,1 代表不可控渠道、0 代表可控渠道。因而,如果回归系数为正值,表示不可控渠道对因变量有正向的促进作用;如果回归系数为负值,则表示可控渠道对因变量有正向的促进作用。

表 5.19　在线零售商企业社会责任表现的中介作用检验

回归模型		Beta 值	T 值	共线性统计		调整后 R^2	显著度
				容忍度	方差膨胀因子		
模型 1 因变量：消费者购买意愿	常量		34.461				0.000
	CSR 沟通信息类型	−0.159**	−3.108	0.980	1.020	0.423	0.002
	CSR 沟通渠道类型	0.613**	11.980	0.980	1.020		0.000
模型 2 因变量：消费者感知的在线零售商 CSR 表现	常量		41.582				0.000
	CSR 沟通信息类型	−.110*	−2.370	0.980	1.020	0.523	0.019
	CSR 沟通渠道类型	0.702**	15.088	0.980	1.020		0.000
模型 3 因变量：消费者购买意愿	常量		0.883				0.378
	CSR 沟通信息类型	−0.063*	−1.985	0.956	1.046		0.048
	CSR 沟通渠道类型	0.003	0.067	0.485	2.062	0.782	0.946
	消费者感知的在线零售商 CSR 表现	0.869**	19.207	0.473	2.114		0.000

在线零售商企业社会责任沟通信息类型的显著度由原来非常显著的 $P=0.002<0.01$，变化为 $P=0.048<0.05$，相应的系数也由 0.159 变化为 0.069。说明在线零售商企业社会责任表现在在线零售商企业社会责任沟通信息类型与消费者购买意愿之间起到部分中介作用。对应的中介效应对总效应的贡献率为：

$$\text{Effect M} = \omega_3 \cdot \frac{\omega_5}{\omega_1} = 0.110 \times \frac{0.896}{0.159} = 60.1\% \tag{5.4}$$

在线零售商企业社会责任表现对消费者购买意愿的方差变化的贡献度为 60.1%。

而在线零售商企业社会责任沟通渠道类型的显著性和系数发生了更大的变化。显著度由原来非常显著的 $P=0.000<0.01$ 变化为不显著的 $P=0.946>0.05$，系数也由原来的 0.613 转变为 0.003。这代表了在线零售商企业社会责任表现在在线零售商企业社会责任沟通渠道类型对消费者购买意愿的影响中起到了完全中介作用。在线零售商企业社会责任表现的中介效应解释了因变量（消费者购买意愿）的方差变异为 $sqrt(0.782-0.423)=0.359(35.9\%)$。

通过分析对本章的假设 H8（在线零售商企业社会责任表现在企业社会责任沟通对消费者购买意愿的影响关系中具有的中介作用）进行总结。通过统计数据的分析，可以得出消费者购买意愿受到在线零售商企业社会责任沟通（包括沟通信息类型和沟通渠道类型）的显著影响。同时，在线零售商社会责任表现对在线零售商的社会责任沟通信息类型的作用起到了很强的部分中介作用，贡献率达到 60.0%，同时，在线零售商企业社会责任表现对在线零售商的沟通渠道类型的作用起到了完全中介作用。接受假设 H8。

5.5　结果讨论与小结

本章主要通过情境实验的方式研究在线零售商企业社会责任沟通与消费者的企业社会责任响应之间的关系。实验通过 4 种不同的沟通信息

类型＊沟通渠道类型的情境材料,研究不同情境下消费者对在线零售商
社会责任沟通的响应。同时,在研究过程中引入了消费者的一般动机理
论:调节定向类型作为调节变量。本章大部分的原假设都得到了验证或
部分验证。表 5.20 总结了本章的研究假设及结论。

表 5.20　本章的主要假设检验结果

原假设	研究假设	实证结果
H4a	在线零售商企业社会责任沟通信息类型对在线零售商企业社会责任表现有显著影响	接受
H4b	在线零售商企业社会责任沟通信息类型对消费者购买意愿有显著影响	接受
H5a	在线零售商企业社会责任沟通媒体类型对在线零售商企业社会责任表现有显著影响	接受
H5b	在线零售商企业社会责任沟通媒体类型对消费者购买意愿有显著影响	接受
H5c	在线零售商通过不可控媒体发布企业社会责任活动信息可以促进消费者的社会责任活动响应	接受
H5d	在线零售商企业社会责任沟通媒体类型与在线零售商企业社会责任沟通信息类型之间存在交互作用	接受
H6c	消费者的调节定向在企业社会责任沟通信息类型与消费者社会责任响应的关系中起到调节作用	接受
H6d	消费者的调节定向在企业社会责任沟通信息媒体类型与消费者社会责任响应的关系中起到调节作用	部分接受
H8	在线零售商社会责任表现在在线零售商企业社会责任沟通策略与消费者购买意愿之间起到了中介作用	接受

1. 在线零售商企业社会责任沟通信息类型方面

研究结果显示,不同的在线零售商企业社会责任沟通信息类型对在线
零售商企业社会责任表现及消费者购买意愿均具有差异化的影响。但在不
同在线零售商企业社会责任沟通渠道类型的情况下,信息类型对在线零售
商社会责任表现及消费者购买意愿的影响作用是不同的。当在线零售商选

择在不可控渠道上发布在线零售商的企业社会责任信息时，安全性信息比效益性信息更能促进消费者产生正向的企业社会责任响应。当在线零售商选择在可控渠道发布社会责任信息时，效益性信息比安全性信息更容易带来正向的消费者社会责任响应。

这为在线零售商在选定的渠道进行社会责任沟通信息设计提供了实际参考。在线零售商企业社会责任沟通信息中既有安全性的沟通信息也有效益性的沟通信息。实验结果支持安全性信息对消费者企业社会责任响应的影响作用总体优于效益性信息。这就提示在线零售商在进行企业社会责任沟通时，不应该仅落脚在企业社会责任活动可能带来的经济或社会效益，还应该尽可能多地向目标顾客传递在线零售商企业社会责任的安全性信息，如活动的真实性、在线零售商将以什么样的方式保障活动达到预期效果，以及实施过程不会带来其他连带负面效应。目前，很多企业在进行企业社会责任活动沟通时重点考虑的是效益性企业社会责任信息，如总的投入额度、惠及人群数量、预期社会效益等，这样企业社会责任沟通带来的沟通效果将会在消费者的怀疑与质疑中大打折扣，甚至个别的社会责任沟通信息会带给消费者"假大空"的负面感知。

另外，实证结果还提示在线零售商，安全性信息在不可控渠道中会产生促进消费者企业社会责任响应的效果。安全性信息本质上为目标顾客提供了一个加强对企业社会责任活动信任的途径，当这一信息是通过在线零售商可控渠道，如公司主页、企业社会责任报告等发布，消费者对这一信息的解读也会受到渠道特征的影响。效益性的社会责任沟通信息在可控渠道和不可控渠道中可能导致的消费者响应差距不大。

2. 在线零售商企业社会责任沟通渠道类型方面

实验结果验证了在线零售商企业社会责任沟通渠道类型对消费者企业

社会责任响应的影响存在显著差异。不可控渠道比可控渠道总体上更能促使消费者产生高的企业社会责任响应。但在不同的情况下，社会责任沟通渠道带来的差异化变化会有所不同。当在线零售商想要传递是安全性的企业社会责任信息时，不可控渠道比可控渠道的效果可以提升 65％之多，而当在线零售商想要对外传播的是效益性的企业社会责任信息，不可控渠道能够带来的效果提升为 21％。安全性信息传递的对企业社会责任活动信任，因而对媒体渠道的公正和公平性要求更高。效益性信息传递的是可能的绩效，对渠道类型要求并不高。这些结论对在线零售商的企业社会责任沟通是一个有益的启示。在线零售商应该尽可能多地开发和利用不可控渠道在社会责任沟通中的作用，"借他人之口"讲出"自己做的事情"。比如，增加在线零售商社会责任活动的第三方媒体的曝光率、建立和维系消费者口碑以及社会化媒体的应用等。

3. 在线零售商企业社会责任沟通之间的交互作用

在线零售商企业社会责任沟通信息类型与沟通渠道类型之间存在显著的交互作用，对消费者的企业社会责任响应产生影响。交互作用是因素间的常见关系，当交互效应存在的时候，不能孤立分析某一个因素的作用。因此，为提高企业的社会责任表现或消费者购买意愿，在线零售商不能仅考虑企业社会责任信息类型或者企业社会责任沟通渠道类型，而是应该将两者作为交互影响的组合。比如，安全性的企业社会责任信息比效益性的企业社会责任信息对在线零售商企业社会责任沟通渠道的要求更高。对在线零售商而言，充分地理解两类企业社会责任沟通信息的特点和两类企业社会责任沟通渠道的特点，以及两者之间存在的交互作用才能制定出合理的企业社会责任沟通方案。

4. 消费者的调节定向作用对在线零售商企业社会责任沟通的调节作用

本实验结果显示消费者购买意愿的形成过程中,消费者的调节定向倾向对在线零售商企业社会责任沟通具有显著的调节作用。不同调节定向的消费者表现出了对相同策略的不同感知。首先,当在线零售商在不可控的沟通渠道上发布相关企业社会责任信息时,预防定向倾向的消费者表现出对信息类型的显著关注,也因信息类型的差异形成了差异明显的消费者购买意愿。而此时,促进定向的消费者对信息类型的敏感度不是很高。相反,当在线零售商在可控的沟通渠道上发布企业社会责任信息时,促进定向的消费者对信息差异的反应要大于预防定向倾向的消费者。其次,当在线零售商发布安全性信息时,预防定向的消费者比促进定向倾向的消费者更关注该信息是否由不可控渠道发布,也会因渠道类型的差异表现出差异化的消费者购买意愿。当在线零售商发布效益性信息时,随着企业社会责任沟通渠道类型的变化,两类调节定向类型的消费者表现出相似的消费者购买意愿变化。总体上,促进定向倾向的消费者表现出了更高的消费者购买意愿。

希金斯(1998)从理论上解释了预防定向与促进定向的行为特点。预防定向的消费者倾向于"避免损失",关注安全性,为了避免自己预期之外的消极结果,表现在社会责任策略感知上,预防定向的消费者也会对"安全性"的社会责任信息以及"公正"性渠道等有所关注,从而形成正向的响应。促进定向的消费者更加关注自己的理想和希望,思想开放而更积极,倾向于"收获",因而这类消费者表现出对效益性社会责任信息的更多关注,而对企业社会责任沟通渠道类型以及渠道类型隐含的"不中立"的信息等不太关注。

5. 在线零售商企业社会责任表现对消费者购买意愿的影响

在第4章的实验中检验了在企业社会责任内容与消费者购买意愿之间

的中介效应：在线零售商企业社会责任表现。本章继续检验了在线零售商企业社会责任沟通与消费者购买意愿之间的这一效应。本实验结果显示，在消费者形成对在线零售商的购买意愿的过程中，在线零售商企业社会责任表现对在线零售商企业社会责任沟通信息类型起到了部分中介作用，对在线零售商企业社会责任沟通渠道类型起到了完全中介作用。本章的研究结果进一步强调在线零售商不能仅追求能直接促成销量的"购买意愿"，应该从更加长远的角度思考如何提升在线零售商企业社会责任表现。

　　总之，本章研究结果显示在线零售商在实施企业社会责任沟通时，应充分考虑沟通信息类型与沟通渠道类型之间的交互作用，兼顾信息的安全性与效益性，避免"假大空"的效益信息，以及完全可控的沟通渠道。针对不同调节定向的消费者在线零售商的沟通中"安全性"与"效益性"，"可控性"与"不可控"都会对消费者购买意愿产生重要的影响。

第6章

在线零售商企业社会责任策略建议

　　中国巨大的人口和网民基数给在线购物市场带来了可观的增长空间。但伴随着行业的快速发展,在线零售行业也产生了诸多的问题:假冒伪劣商品,消费者个人信息泄露,虚假广告宣传,支付安全隐患,售后维权困难甚至是恶意欺诈等。这些问题实质上都属于企业的社会责任问题。在线零售行业企业社会责任问题频出,与行业总体的制度环境和法律环境不够完善有关,也与在线零售商的企业社会责任策略能力有关。有些在线零售商虽试图通过一些方式开展企业社会责任活动,但收效甚微。为了促使在线零售商跟上时代以及行业的快速发展要求、提高在线零售商企业社会责任策略管理水平,从消费者的视角探讨在线零售商企业社会责任的相关问题具有非常重要的意义。

6.1　基于消费者视角的在线零售商企业社会责任内容

6.1.1　战略上,摆正"企业社会责任"的位置

前文的研究详细梳理了基于消费者视角的企业社会责任对企业的重要性,构建了基于消费者的在线零售商企业社会责任模型,指出基于消费者的在线零售商企业社会责任包括基于消费者的企业社会责任维度构成、企业社会责任内容选择、企业社会责任沟通选择以及消费者的企业社会责任表现响应;明确指出基于消费者的在线零售商企业社会责任维度不同于企业视角的社会责任维度划分,这直接决定了消费者如何评测在线零售商的企业社会责任表现是否缺失。同时,笔者也特别强调影响消费者对企业社会责任表现感知的不仅包括企业具体承担了哪些企业社会责任,还包括企业如何与消费者进行企业社会责任沟通。"做了什么"很重要,"怎么说"也很重要。企业社会责任活动内容与企业社会责任沟通对在线零售商的企业社会责任表现都很重要。

在线零售企业应从战略的高度重视企业社会责任。在企业战略规划中,有明确的企业社会责任安排。在主观意识上,不将企业社会责任视为企业运营"包袱",而是积极主动地将企业社会责任作为重要的战略内容,而这完全可以通过更加明晰的企业愿景展现出来。

6.1.2　理解基于消费者视角的在线零售商企业社会责任的内容
维度

　　基于消费者的在线零售商企业社会责任维度构成与以往的企业社会责任研究有所不同。消费者并不会像研究者或企业主一样将各种企业社会责任细化。本书通过问卷调查的方式,从消费者视角确立了在线零售商企业社会责任的维度。根据研究结果,消费者眼中在线零售商应该承担的企业社会责任主要包括三个方面:企业外部责任、企业内部责任和消费者责任。

　　第一,消费者关心在线零售是否承担了企业外部责任,包括除消费者以外的企业外部社会责任因素,如商业伙伴、环保、慈善、政府、法律等。在消费者视角中,它们具有一致的企业外部性特征。理论与实践都证明,消费者非常关注企业是否很好地履行这些外部社会责任。比如,在线零售商的慈善类活动,"在线零售商是否支持社会文化、教育、体育、卫生健康等事业""在线零售商一毛不拔,拒绝捐赠,不回报社会""在线零售商是否为社会弱势群体提供教育、住房、经济等帮助"等会很大程度上影响消费者对在线零售商是一个"有良知的企业"的企业认知与价值认同。因此,在线零售商应在有效预算的基础上增加在此类活动中的曝光率。而"在线零售商是否遵守互联网经营的法律法规"也是很多消费者非常关注的问题。尤其是近几年中国网络零售一直处于高速增长的状态,这期间也伴随各种问题的出现。与传统的经营不同,网络零售具有更多的不确定性因素,消费者要求企业能遵守互联网经营的法律法规,依法提供合格的产品和服务,依法提供合规的售后服务,依法使用消费者的网络个人信息等。另外一个突出的问题是电商平台企业因商户的违法违规行为也会直接拉低消费者对这些平台企业的企业认同。因此，在线零售商应守住法律红线，不打擦边球，对违法违规行为态度明确，消费者也比较关注在线零售商是否偷税漏税以及经营中诚实守信的问题。最后，消费者也非常重视环保相关问题。多数在线零售商并不直接涉及生产，但在售前、售中和售后的过程也涉及产品的采购、包装等相关环节。随着消费者自身的环保意识不断提高，消费者对自己经常购物的在线零售商的环保经营也提出了要求，包括采购符合环保要求的产品、不过度增加不必要的包装，采用环保包装以及可循环使用的配送包装等，这些都是在线零售商可以考虑的因素。

第二，消费者很关注在线零售商是否承担了企业内部责任问题，如在线零售商的会计与审计是否合法合规、是否向公众包括股东隐瞒经营状况等问题，消费者希望在线零售商可以承担起合法合规经营的基本责任要求。在线零售行业发展迅猛，创新不断，行业竞争非常激烈，相比传统行业具有更多新的风险，消费者希望在线零售商可以有长期的经营计划，这与合法合规经营一样都可以促进消费者对企业的信任。另一个重要的方面，消费者也越来越关注在线零售商是否保障员工的相关权益，包括员工的薪酬、工作条件等。没有人能相信一个对员工都无法负责的公司可以为消费者、为社会负责，在经营中始终保持"善意"。在线零售商必须打破以往对承担社会责任主要是承担外部责任的旧观念，从基础的内部责任做起，在消费者心中树立有责任有担当的优秀企业的形象。

第三，消费者最关注的是与自身关系密切的消费者责任因子。研究结论表明，除了法律规定的基础责任外，消费者仍对社会责任问题很关注。比如，在线零售商是否提供安全的支付服务。在线购物相比线下购物具有一定的不确定性风险，即便在我国互联网支付日益发展的今天，消费者仍将安全支付作为对网络购物的最重要要求。网络支付与资金安全问题频频，网络购物中需要涉及的在线支付仍然是阻挡一部分消费者加入网购大军的最重要障碍。在本书的初期调查中均设置了每月平均网购次数的筛选题目，试调查与正式问卷中共有 51 份无网购经验的问卷，比例超过所有被访问者的 6%。由于本次试调查与正式调研均通过网络发放问卷，被访问者都是有网络使用经验者，因此可以预测这个比例在全部人群中将会更高。更好地保障消费者的支付安全仍是今后在线零售商应该重点关注的消费者责任。

在线零售商可以通过第三方的支付平台、有背书的支付工具等多渠道建立和完善安全支付的环境，并借助平台品牌背书，给消费者一个安全承诺。另一个方面，消费者对是否能很好地处理顾客抱怨和退货要求、是否能迅速响应顾客购买需求等方面也非常关注。即使在直播购物如此盛行的现在，在线零售仍然无法完全替代线下零售，其中在线零售无法完全满足消费者售前售中售后的各项服务要求也是一个重要的问题，这也是目前中国消费者非常关注的问题。网络购物无法真实感受商品的品质，其先天就带有诸多的"不确定性"，在线零售商如何让消费者充分信任，果断下单支付购买商品？充分的售前售中的服务答疑以及售后的重要保障：退换货无忧。对于夸大宣传、虚假广告等行为也坚决杜绝。通过有效的消费者在线零售必须要有"无忧售后""无忧退换货"等相关政策，从根本上消除消费者"不确定性"担忧。

消费者是企业面对的最重要的利益相关者。企业在主观上必须重视消费者视角下的社会责任包含的实际内容，改变以往基于其他视角的社会责任观念，并积极主动承担这些社会责任，不一味追求短期经济利益，才能保障社会责任策略的绩效不打折扣。

6.2　基于消费者视角的在线零售商企业社会责任沟通

　　能够明确基于消费者视角的在线零售商的企业社会责任包含的实际内容有哪些？积极主动承担企业社会责任,还不足以达成有效的企业社会责任实践。在线零售商必须积极主动地做好社会责任沟通。在线零售商有多重渠道,线上线下、私域公域等多种渠道达成与消费者的有效企业社会责任沟通。据第三方评级机构润灵环球责任评级(RKS)监测,社会责任报告信息披露10年增长1.29倍,每年平均新增48家上市公司披露年度社会责任报告。2018年,851家披露了CSR报告的A股上市公司中,上交所公司有516家,同比增长8.6%,占比60.6%;深交所公司有326家,同比增长4.7%,占比30.9%。自愿披露CSR报告的A股上市公司数量,首次超过应规披露的上市公司数量。事实上,像主动披露社会责任信息这样的社会责任沟通方式越来越多地被在线零售商重视。越来越多的在线零售商也开始关注如何更好地进行社会责任沟通。

6.2.1　在线零售商企业社会责任沟通对象

　　不同消费者对6.1.2节所述的三类社会责任内容的关注度也存在很大差异。依据消费者对在线零售商企业社会责任不同维度内容的关注度,将所有的消费者划分为四类。

　　第一类为外部责任关注者。这类消费者最关注的是在线零售商是否承担了外部责任及消费者责任,这类消费者中女性消费者的比例较高。将这类消费者称为外部责任关注者,这类消费者在样本中占23%。这类消费者比较感性,容易受到企业外部社会责任信息的影响,比较关注企业有没有承担与消费者有关的企业社会责任,也非常关注在线零售商是否参与与企业直接利益并不相关的其他企业社会责任,如在线零售商是否参与到慈善、环保以及相关社区责任中,但对于在线零售商是否承担了与企业自身关系非常密切的内部责任并不关注。这类消费者对企业社会责任的理解和关注完全是传统责任观念,关注的是企业外部社会责任是否履行。如果在线零售商所在类目的核心用户是女性群体,那么在选择社会责任沟通内容时,可多展示企业承担的外部责任内容。

第二类为全面责任关注者。这类消费者对在线零售商的三类社会责任均表现出比较大的关注度,认为在线零售商承担企业社会责任非常重要。与第一类消费者不同,这类消费者对所有的在线零售商社会责任都表示出或多或少的关注,因此,将这类消费者称为全面责任关注者。总体来说,这类消费者对消费者责任、企业外部责任以及企业内部责任都比较关注。聚类的结果显示,这类消费者占据样本总量的35%,这也是所有的消费者群体中占比重最高的一类。这类消费者在总样本中占比最高,构成这类消费者的男性群体也是所有群组中比例最高的。这提示在线零售商,有高比例的消费者,尤其是男性消费者,对社会责任的关注较为全面,不能仅仅展示或承担部分企业社会责任。

第三类消费者为利己责任关注者。与前两类消费者有非常大的区别,这类消费者只关注与消费者有关的企业社会责任,而对于企业是否承担了企业内部责任,如关注员工权益等不太关注,甚至对企业承担与直接经营无关的企业社会责任表现出负面态度。这类消费者对在线零售商企业社会责任的态度非常直接也非常现实,将这类消费者群体称为利己责任关注者。这类消费者在样本总量中占25%。这类消费者仅关注消费者责任,对在线零售商是否承担了另外两类社会责任毫不在意。

前三类消费者都是对在线零售商企业社会责任的承担有所关注的消费者,也是在线零售商应重点关注的群体。这三类消费者占比达 83%。

第四类消费者为责任淡漠者,这类消费者在购物过程中并不在意在线零售商的企业社会责任信息,这类消费者占总样本的 17%,仅仅对顾客责任有一些关注,并且关注并不是很多,对其他在线零售商企业社会责任完全不关注。研究结果显示,这类消费者占据样本总量的 17%。

实践中,在线零售商在选择企业社会责任主要沟通对象时,应明确前三类消费者是最值得关注和影响的,他们对在线零售商的部分或全部企业社会责任是最关注的。同时,对中国目前大部分消费者而言,企业承担不属于内部责任的社会责任更能吸引消费者的关注,第一类和第三类消费者仅关注企业外部的社会责任(包括消费者责任,环保、慈善、法律等),这些社会责任是企业在进行社会责任沟通中应该最多展现的部分,对企业而言,这两类消费者比较在意企业外部的社会责任承担,是企业可能通过恰当的企业社会责任策略打动的消费者。约有 35% 的消费者开始认同企业的社会责任也应该包含企业内部的责任因素。另外有 17% 的消费者仍然处于对企业的社会责任很淡漠的感知状态。前三类消费者群体的年龄层要比第四类消费者的年龄层略低,虽然数值并没有特别显著,但也提示在线零售商,年轻消费者普遍对企业社会责任的关注度要高于年龄较大的消费者,这预示着未来消费者对企业的社会责任要求只会越来越高。

6.2.2　在线零售商企业社会责任沟通内容属性

如何选择社会责任沟通内容是在线零售商社会责任沟通策略的重要方面。企业社会责任活动的主要内容形式可以划分为两种不同的类型:制度型的企业社会责任和促销型的企业社会责任。同时,企业社会责任活动与企业的战略定位、产品组合、品牌形象、市场地位及目标市场之间的关联度也会对社会责任沟通产生非常大的影响。本书的研究结论也证实：制度型的在线零售商企业社会责任内容比促销型的在线零售商企业社会责任内容能促使消费者产生高的在线零售商企业社会责任表现感知。高匹配度的在线零售商企业社会责任内容比低匹配度的在线零售商企业社会责任内容能够带来高的消费者感知的在线零售商企业社会责任表现。同时，高匹配度的在线零售商企业社会责任内容比低匹配度的在线零售商企业社会责任内容能够带来更高的消费者购买意愿。

第一，在线零售商不能完全将企业的社会责任活动看作或当作"促销的手段"或"促销的工具"，从研究结果看，这样的短视行为未必能带来高点的消费者购买意愿。长期来看，对提升在线零售商企业社会责任表现并无裨益。在线零售商应将企业的社会责任活动看作一个长期的计划，全面持续开展企业社会责任活动能给消费者带来高的企业社会责任感知。在线零售商应积极主动地将长期的、全面持续的社会责任计划通过有效的沟通渠道展现给消费者，促进消费者对企业形成良好的社会责任认知。

第二，消费者对企业社会责任内容匹配度感知比较敏感，不同的在线零售商企业社会责任内容匹配度能带来差异化的社会责任感知，从而带来不同的社会责任响应。高匹配度的在线零售商企业社会责任内容能显著提升在线零售商企业社会责任表现和消费者购买意愿。在线零售商在安排企业社会责任活动时必须考虑是否适配本企业。盲目追求社会热点、为"吸引流量"而开展企业社会责任活动，看似吸引了消费者的关注，却没有真正达到社会责任活动应该产生的效应。目前不少企业在开展企业社会责任活动时都在一定程度上有这样的问题。每每有社会热点事件，反应机敏的企业会迅速做出反应，开展合适的企业社会责任活动。而部分企业完全不考虑企业的自身状况，"生搬硬套"地抢夺流量资源，可能会得不偿失。在线零售商应该尽量选择那些与企业的业务范畴、市场定位、目标顾客等保持一致性、兼容性更高的企业社会责任活动，即使该事件或活动本身与企业的匹配度不高，也应通过具体的企业社会责任设计找到企业社会责任活动与企业的连接点。

6.2.3　在线零售商企业社会责任沟通信息与渠道类型

在线零售商企业社会责任沟通信息类型与社会责任沟通渠道类型也会对消费者的企业社会责任响应产生影响。企业社会责任沟通信息可以是效益性信息，倾向于向消费者传递关于企业社会责任活动能够带来的影响，如企业本身的承担、预期可能的结果、持续的 CSR 计划等；也可以是安全性信息倾向于向消费者传递关于企业社会责任活动的真实性，可以确保项目能够按计划实施。企业所有的社会责任活动信息都需要借助渠道传递给利益相关者。从消费者认知的角度，这些渠道既包括第三方的媒体也包括企业自己的渠道。第三方的媒体可以是公立的新闻媒体、第三方的自媒体、消费者的论坛、消费者口碑等，总体上消费者对这些渠道的信任度要更高一些。企业自己的渠道可以是企业每年由公司发布的企业社会责任年度报告、企业公开的其他宣传资料、企业广告、企业官网的企业社会责任活动页面等，这些渠道比起前者信任度略低，但优点在于企业社会责任相关信息内容更加全面。每一种渠道都带有自身的特质，也必然会对渠道发布的信息产生影响。在线零售商的企业社会责任策略要关注社会责任沟通信息类型与社会责任沟通渠道类型的选择，而且要关注两者的相互作用。

第一，在社会责任沟通信息类型方面，安全性企业社会责任信息对消费者的企业社会责任响应的影响作用总体优于效益性的企业社会责任信息。但在不同企业社会责任沟通渠道类型的情况下，在线零售商企业社会责任沟通信息类型对消费者感知的企业社会责任表现及消费者购买意愿的影响作用不同。当在线零售商选择在不可控渠道上发布在线零售商的企业社会责任信息时,如在公立的第三方媒体发布相关信息,那么在线零售应该选择更多发布安全性企业社会责任沟通信息,以更好地促进消费者产生正向的企业社会责任响应。而当在线零售商选择在可控渠道发布企业社会责任信息时,如在企业的内部刊物、企业公众号等渠道发布相关信息时,在线零售商可以选择发布更多的效益性的企业社会责任沟通信息,以更好地促进正向的消费者企业社会责任响应。

第二,在线零售商企业社会责任沟通渠道类型方面,总体上不可控的企业社会责任沟通渠道比可控的企业社会责任沟通渠道更能促使消费者产生高的企业社会责任响应。但在不同的情况下,企业社会责任沟通渠道带来的差异化变化会有所不同。当在线零售商想要发布安全性的企业社会责任信息时,应该尽量选择第三方公立渠道这样的不可控渠道,可以显著提升社会责任沟通效果。当在线零售商想让对外传播的是效益性的企业社会责任信息时,不可控渠道能够带来的提升效果会打折扣。

6.2.4　在线零售商企业社会责任沟通与消费者购买意愿

在线零售商企业社会责任表现在企业社会责任内容(沟通)与消费者购买意愿之间的中介效应。若在线零售商企业社会责任表现在企业社会责任内容匹配度与消费者购买意愿之间的中介效应显著,在线零售商企业社会责任表现对企业社会责任沟通信息类型起到了部分中介作用,对企业社会责任沟通渠道类型起到了完全中介作用。通过实证的方法,检验了在线零售商企业社会责任表现在在线零售商企业社会责任策略与消费者购买意愿之间的中介作用。得到的研究结果进一步印证了在线零售商应该加强企业社会责任，重视消费者对企业社会责任活动的响应，而不能仅追求能直接促成销量的"购买意愿"，应该从更加长远的角度思考如何提升企业社会责任的绩效，提升在线零售商企业社会责任表现。

在选择企业社会责任沟通时，在线零售商应系统分析企业社会责任沟通信息的类型与沟通渠道的类型。研究结论提示在线零售商，安全性企业社会责任信息在不可控渠道中发布会带来更好的消费者企业社会责任响应，效益性的企业社会责任信息在可控渠道中发布会带来更好的消费者响应。

即使企业社会责任策略没有马上转换为消费者购买意愿，在线零售商也不应全部否认企业社会责任策略的作用，只要在线零售商的企业社会责任活动策略在一定程度加深了消费者对企业的认知，提高了在线零售商的企业社会责任表现，消费者购买意愿的形成就是顺理成章的事。在线零售商应从更长远的角度看待企业社会责任活动的作用，而不是将企业的社会责任活动看作短期促销、提升销量的工具，"作秀式"的企业社会责任活动还可能带来负面的效果。

参考文献

[1] 边卫军,赵文龙.企业社会责任履行与消费者响应的互动机理研究[J].河南社会科学,2017(8):86-91.

[2] 查金祥,王立生.网络购物顾客满意度影响因素的实证研究[J].管理科学,2006(1):50-58.

[3] 陈宏辉,贾生华.企业社会责任观的演进与发展:基于综合性社会契约的理解[J].中国工业经济,2003(12):85-92.

[4] 陈启杰,武文珍.企业社会责任消费行为的影响因素及测量述评[J].商业研究,2012(1):1-8.

[5] 陈晓春,任腾.互联网企业社会责任的多中心协同治理:以奇虎360与腾讯公司为例[J].湘潭大学学报(哲学社会科学版),2011(4):21-24.

[6] 陈迅,韩亚琴.企业社会责任分级模型及其应用[J].中国工业经济,2005(9):99-105.

[7] 陈哲.数据分析:企业的贤内助[M].北京:机械工业出版社,2014.

[8] 邓新明,张婷,许洋,等.企业社会责任对消费者购买意向的影响研究[J].管理学报,2016(7):1019-1027.

[9] 邓之宏,李金清,王香刚.中国C2C交易市场电子服务质量、顾客满意和顾客忠诚实证研究[J].科技管理研究,2013(6):188-191.

[10] 杜剑,曹玲燕.企业社会责任信息披露动机研究[J].会计之友,2016(5):87-93.

[11] 杜晓梦,赵占波,崔晓.评论效价、新产品类型与调节定向对在线评论有用性的影响[J].心理学报,2015(4):555-568.

[12] 樊帅,田志龙.消费者对企业社会责任伪善感知形成机制研究[J].中南财经政法大

学学报,2017(2):22-31.

[13] 费显政,李陈微,周舒华.一损俱损还是因祸得福:企业社会责任声誉溢出效应研究[J].管理世界,2010(4):74-82.

[14] 顾明.电子商务企业社会责任存在的问题及其对策[J].经济研究导刊,2016(26):13-14.

[15] 韩娜,李健,刘建梅.企业社会责任感知情境下消费者道德伪善的形成机理研究[J].浙江工商大学学报,2015(1):92-104.

[16] 何捷.浙江省食品企业社会责任缺失现状研究及对策[J].现代食品,2017(24):32-34.

[17] 侯仕军.企业社会责任管理的一个整合性框架[J].经济管理,2009(3):153-158.

[18] 黄静,刘秋玲."好企业"为什么会干坏事:企业社会责任营销内外一致性视角[J].商业研究,2014(8):110-118.

[19] 黄珺,郭志娇.企业社会责任履行与企业价值提升:基于技术创新中介作用的实证研究[J].华东经济管理,2015(3):29-34.

[20] 黄湘萌.绿色供应链压力下企业社会责任的价值驱动分析:基于江苏省中小企业的实证研究[J].金融经济,2017(22):65-68.

[21] 黄晓治,刘得格,曹鑫.企业社会责任与企业绩效:基于顾客信任与认同的研究[J].商业研究,2015(1):150-159.

[22] 纪春礼,杨萍.电商平台企业的企业社会责任与企业价值相关性研究:基于阿里巴巴、京东和聚美优品的实证分析[J].经济与管理,2016(4):89-96.

[23] 贾峰,杨东宁,张俊妮,等.高校学生企业社会责任态度调查(2014年)(下)[J].世界环境,2015(3):50-53.

[24] 金立印.企业社会责任运动测评指标体系实证研究:消费者视角[J].中国工业经济,2006(6):114-120.

[25] 金玉芳,亓慧,刘晟楠,等.网站质量对关系质量的影响研究[J].管理科学,2008(2):44-50.

[26] 李海芹,张子刚.CSR 对企业声誉及顾客忠诚影响的实证研究[J].南开管理评论, 2010(1):90-98.

[27] 李恒,朱方明,贺立龙.中国企业的社会责任行为[M].北京:经济科学出版社,2016.

[28] 李欢.企业社会责任与顾客信任关系研究[J].企业家天地,2010(9):80-81.

[29] 李伟,刘丽华.中国文化背景下的消费者 CSR 响应模型构建[J].市场周刊,2016 (9):20-21.

[30] 李扬.2016 企业社会责任蓝皮书:中国企业社会责任研究报告(2016)[M].北京: 经济管理出版社,2016.

[31] 李正,向锐.中国企业社会责任信息披露的内容界定、计量方法和现状研究[J].会计研究,2007(7):3-11.

[32] 李正.企业社会责任信息质量特征体系研究[J].东北大学学报,2012(3):205-211.

[33] 李智.中国企业社会责任[M].北京:中国经济出版社,2011.

[34] 林晖芸,汪玲.调节性匹配理论述评[J].心理科学进展,2007(5):749-753.

[35] 林秀花,王倩.网络环境下的企业社会责任行为研究[J].现代商业,2014(3): 185-186.

[36] 刘柏因.企业社会责任传播发展及 Web 2.0 时代的机遇和挑战[J].东南传播, 2011(12):45-47.

[37] 刘聪粉,郭彬,仲伟周.我国电子商务零售企业履行企业社会责任的协同机制[J]. 经济问题,2014(4):60-63.

[38] 刘海龙,齐琪.论企业社会责任信息的网络沟通:基于零售百强网站的文本分析[J].财会月刊,2017(34):27-33.

[39] 刘红叶.企业社会责任原理[M].北京:中国社会科学出版社,2015.

[40] 刘计含,王建琼.基于社会网络视角的企业社会责任行为相似性研究[J].中国管理科学,2016(9):115-123.

[41] 刘计含,王建琼.中国传统文化视角下的企业社会责任行为研究[J].管理世界,

2017(3):184-185.

[42] 卢东,寇燕.基于消费者视角的企业社会责任综合解析[J].软科学,2009(3):99-103.

[43] 罗锦莉.大数据时代下,尴尬的用户隐私[J].金融科技时代,2012(12):26-31.

[44] 骆紫薇,黄晓霞,陈斯允,等.企业为何履行社会责任却落得"伪善"名声:企业社会责任类型和感知品牌伪善间的关系[J].心理科学进展,2017(10):1642-1655.

[45] 马龙龙.企业社会责任对消费者购买意愿的影响机制研究[J].管理世界,2011(5):120-126.

[46] 买生,王忠.企业社会责任管理研究[M].北京:人民日报出版社,2015.

[47] 孟繁富.基于消费者响应的企业社会责任指标研究[J].山东社会科学,2012(3):164-168.

[48] 齐丽云,张碧波,郭亚楠.消费者企业社会责任认同对购买意愿的影响[J].科研管理,2016(5):112-121.

[49] 齐岳,孙丹心.企业社会责任评价方法对比研究及启示:以医药行业上市公司为例[J].管理学刊,2017(1):42-51.

[50] 钱明,徐光华.社交网络与企业社会责任:基于自媒体时代的经验证据[J].商业会计,2017(23):17-20.

[51] 邱皓政,林碧芳.结构方程模型的原理与应用[M].2版.北京:中国轻工业出版社,2018.

[52] 任伴雨.企业社会责任与财务绩效相关性的实证分析:以沪深房地产上市公司为例[J].湖北经济学院学报,2017(7):46-48.

[53] 沙振权,丁文.将顾客忠诚利润化[J].商业时代,2003(6):38-39.

[54] 沈鹏熠,范秀成.在线零售企业社会责任行为与消费者响应:基于中国背景的调节效应模型[J].中国软科学,2016(3):96-106.

[55] 沈鹏熠.在线零售商营销道德行为的消费者感知:量表开发与维度测量[J].当代财经,2016(3):77-86.

[56] 沈弋,徐光华,王正艳."言行一致"的企业社会责任信息披露:大数据环境下的演化框架[J].会计研究,2014(9):29-36.

[57] 时雨深,李晨溪,王宝森,等.在线零售商道德和消费者网络购买意愿的实证研究[J].中国管理信息化,2016(6):157-159.

[58] 宋鸿,程刚.企业社会责任对企业人才吸引力的影响[J].湖北大学学报,2012(5):129-132.

[59] 宋岩,续莹.平台企业社会责任、媒体关注度与企业价值[J].烟台大学学报(哲学社会科学版),2022,35(3):109-124

[60] 田虹.企业社会责任与企业绩效的相关性:基于中国通信行业的经验数据[J].经济管理,2009(1):72-79.

[61] 田志龙,王瑞等.消费者CSR反应的产品类别差异及群体特征研究[J].南开管理评论,2011(14):107-118

[62] 王怀明,宋涛.我国上市公司企业社会责任与企业绩效的实证研究:来自上证180指数的经验证据[J].南京师大学报,2007(2):58-62.

[63] 王瑞,田志龙,杨文.中国情境下消费者CSR响应的群体细分及影响机理研究[J].管理评论,2012(8):107-117.

[64] 王仙雅,毛文娟.消费者对企业社会责任缺失行为的感知:消费者归因和期望的影响[J].北京理工大学学报,2015(6):74-80.

[65] 王馨,艾庆庆.基于网络视角的企业社会责任战略选择研究[J].科技进步与对策,2013(7):97-100.

[66] 王站杰,买生,李万明.企业社会责任对战略风险的影响:伦理决策的调节作用[J].大连理工大学学报:社会科学版,2017(4):26-32.

[67] 温素彬,李宁.基于利益相关者理论的增加值绩效评价及应用[J].会计之友,2018(4):146-149.

[68] 吴明隆.结构方程模型:AMOS的操作与应用[M].重庆:重庆大学出版社,2017.

[69] 伍伦.股权集中度、企业社会责任与企业价值:基于我国上市银行的实证检验[J].

税务与经济,2015(2):23-29.

[70] 武松.SPSS统计分析大全[M].北京:清华大学出版社,2014.

[71] 肖冰果,韩庆兰.企业责任感知对顾客信任的影响机制分析[J].湖南社会科学,
2013(2):138-141.

[72] 肖红军,许英杰.企业社会责任评价模式的反思与重构[J].经济管理,2014(9):
67-78.

[73] 肖红军,郑若娟,李伟阳.责任价值论:让社会责任真正对社会负责任[M].北京:经
济管理出版社,2016.

[74] 肖捷.企业社会责任项目的消费者感知研究[D].湖南大学,2013:97-120.

[75] 谢佩洪,周祖城.中国背景下CSR与消费者购买意向关系的实证研究[J].南开管
理评论,2009(1):64-70.

[76] 熊成.战略视角下的企业社会责任问题研究[J].新西部,2017(22):60-83.

[77] 许英杰,张蕙,刘子飞.中国消费者责任消费指数研究:以中国六个主要城市为样
本[J].中国经济问题,2015(4):73-85.

[78] 杨鹏.烟叶产区积极履行行业企业社会责任的思路[J].现代农业科技,2018(1):
250-252.

[79] 姚琦,乐国安,伍承聪,等.调节定向的测量维度及其问卷的信度和效度检验[J].应
用心理学,2008(4):318-323.

[80] 姚琦,乐国安.动机理论的新发展:调节定向理论[J].心理科学进展,2009(6):
1264-1273.

[81] 易开刚,黄慧丹.平台经济视阈下社会责任消费行为意向驱动因素研究[J].商业经
济与管理,2020(11):50-62

[82] 殷格非.企业社会责任管理(一):概念、特征[J].WTO经济导刊,2017(3):48-53.

[83] 殷格非.企业社会责任行动指南[M].北京:企业管理出版社,2006.

[84] 殷格非.移动互联下CSR传播与沟通之惑[J].WTO经济导刊,2016(5):14-16.

[85] 于力,候娜.企业社会责任感知对消费者购买意愿的影响研究[J].北京财贸职业学

院学报,2023,39(2):5-9.

[86] 于晓红,武文静.公司治理、企业社会责任与企业价值研究[J].当代经济研究,2014(5):74-78.

[87] 余慧敏,彭莉莉,郭书雯.电商企业社会责任评价指标体系构建[J].经营与管理,2015(2):117-120.

[88] 张川,娄祝坤,詹丹碧.政治关联、财务绩效与企业社会责任:来自中国化工行业上市公司的证据[J].管理评论,2014(1):130-139.

[89] 张丁予.企业社会责任对企业绩效的影响:基于慢慢崛起的电商企业[J].管理观察,2015(23):68-69.

[90] 张蒽.中国企业社会责任报告[M].北京:经济管理出版社,2016.

[91] 张洪利.企业社会责任对消费者信任的影响[J].长春理工大学学报(社会科学版),2010(1):27-29.

[92] 张庆玲,王王乐.国内企业社会责任研究综述:基于利益相关者理论[J].企业导报,2014(5):13-14.

[93] 张森.企业社会责任对消费者忠诚度的影响研究[J].河南大学学报(社会科学版),2021,61(6):24-32.

[94] 张文祥,李新颖.企业社会责任传播:理论与实践[M].北京:社会科学文献出版社,2014.

[95] 张玉兰,王园园,张雪.内部控制质量、企业社会责任成本与企业价值:基于重污染行业的经验数据[J].会计之友,2018(4):85-92.

[96] 赵艳荣,叶陈毅,李响.基于战略视角的企业社会责任管理研究[J].企业经济,2012(9):35-38.

[97] 赵远,陈凯.企业社会责任对顾客信任的影响机制:企业声誉和顾客满意的中介效应[J].电子科技大学学报,2017(3):71-77.

[98] 郑海东,赵丹丹,张音,等.企业社会责任缺失行为公众反应的案例研究[J].管理学报,2017(12):1747-1756.

[99] 郑军,阿依努尔.企业社会责任信息披露质量与企业价值关系研究[J].商业经济研究,2012(31):82-83.

[100] 周建,王文,刘小元.我国上市公司企业社会责任与企业绩效的实证研究:基于沪深两市上市公司的经验证据[J].现代管理科学,2008(11):3-6.

[101] 周立军,王美萍,杨静.互联网企业财务绩效与企业社会责任绩效的关系研究:基于生命周期理论[J].投资研究,2017(1):121-130.

[102] 周祖城,王旭.企业社会业绩内部评价体系研究[J].管理学报,2010(3):338-343.

[103] 庄巍.CSR迈入网络传播新时代[J].WTO经济导刊,2016(5):19-20.

[104] 邹洁,武常岐,杨东宁.企业社会责任的战略价值[J].WTO经济导刊,2012(6):72-73.

[105] BOWEN H R. Social Responsibility of the Businessman [M]. New York: Harper. 1953.

[106] DAN J K. An Investigation of the Effect of Online Consumer Trust on Expectation, Satisfaction, and Post-Expectation [M]. New York: Springer-Verlag New York, Inc. 2012. 219-240.

[107] FISKE S, TAYLOR S E. Social Cognition (2nd Ed.) [M]. New York: McGraw-Hill,1991.

[108] FREEMAN R E, HARRISON J S, WICKS A C. Managing for Stakeholders: Survival, Reputation, and Success [M]. New Haven: Yale University Press,2007.

[109] FUTERRA SCL. The Rules of the Game: The Principals of Climate Change Communication [M]. London: Department For Environment, Food And Rural Affairs, 2005.

[110] JOSEPH W. Mcguire. Business and Society [M]. New York: Mcgraw-Hill,1963.

[111] OLIVER S., The Social Responsibility of Management, The Philosophy of Management [M]. London: Sir Isaac Pitman and Sons Ltd.,1924.

［112］AAKER J L,LEE A Y. "I" seek pleasures and "we" avoid pains: the role of self-regulatory goals in information processing and persuasion ［J］. Journal of Consumer Research,2001,28(1):33-49.

［113］AILAWADI K L,NESLIN S A,LUAN Y J,et al. Does retailer CSR enhance behavioral loyalty A case for benefit segmentation ［J］. International Journal of Research in Marketing,2014,31(2):156-167.

［114］ANDERSON R E,SRINIVASAN S S. E-satisfaction and E-loyalty: a contingency framework ［J］. Psychology & Marketing,2003,20(2):123-138.

［115］ANDRIJA B, BACH M P. Corporate social responsibility and stakeholders: review of the last decade (2006-2015) ［J］. Business Systems Research Journal, 2017,8(1):133-146.

［116］ATOROUGH P,DONALDSON B. The relationship between regulatory focus and online shopping-perceived risk, affect, and consumers' response to online marketing ［J］. International Journal of Internet Marketing & Advertising,2012, 7(4):333-358.

［117］BACKMAN J. Social responsibility and accountability ［J］. Journal of Anaesthesiology Clinical Pharmacology,1975,31(1):1-3.

［118］BAKOS J Y. Reducing buyer search costs: implications for electronic marketplaces ［J］. Management Science,1997,43(12):1676-1692.

［119］BARNETT M L. Stakeholder influence capacity and the variability of financial returns to corporate social responsibility ［J］. Academy of Management Review, 2007,32(3):794-816.

［120］BECKER-OLSEN K L,CUDMORE B A, HILL R P. The impact of perceived corporate social responsibility on consumer behavior ［J］. Journal of Business Research,2006,59(1):46-53.

［121］BECKER-OLSEN K L,SIMMONS C J. When do social sponsorships enhance or dilute equity: Fit, message source, and the persistence of effects [J]. Advances in Consumer Research, 2002, 29(1): 287-289.

[122] BERENS G, RIEL C B M V, BRUGGEN G H V. Corporate associations and consumer product responses: the moderating role of corporate brand dominance [J]. Journal of Marketing, 2005, 69(3): 35-48.

[123] BERENS G, RIEL C B M V, REKOM J V. The CSR-quality trade-off: when can corporate social responsibility and corporate ability compensate each other [J]. Journal of Business Ethics, 2007, 74(3): 233-252.

[124] BERLE A A. For whom corporate managers are trustees: a note [J]. Harvard Law Review, 1931 (4): 35-38.

[125] BHATTACHARYA C B, SEN S. Doing better at doing good: when, why, and how consumers respond to corporate social initiatives [J]. California Management Review, 2004, 47(1): 9-24.

[126] BROWN G H. Brand loyalty - fact of fiction [J]. Trademark Rep, 1953(43): 251

[127] BROWN J D. Determinants of loyalty to grocery store type [J]. Journal of Food Products Marketing. 2004, 10 (3): 1-11.

[128] BROWN N, DEEGAN C. The public disclosure of environmental performance information—a dual test of media agenda setting theory and legitimacy theory [J]. Accounting & Business Research, 1998, 29(1): 21-41.

[129] BRUMMER B J J. Corporate responsibility and legitimacy [J]. Corporate Responsibility & Legitimacy An Interdisciplinary, 1991: 19-30.

[130] BRUNK, K. H. Reputation building: beyond our control? Inferences in consumers' ethical perception formation [J]. Journal of Consumer Behavior, 2010b. 9(4), 275-292.

[131] CARNEGIE A. Americanism versus imperialism [J]. North American Review, 1899: 168(506): 1-13.

[132] CARRIGAN M,ATTALLA A. The myth of the ethical consumer-do ethics matter in purchase behaviour [J]. Journal of Consumer Marketing,2001,18(7):560-578.

[133] CARROLL A B. A three-dimensional conceptual model of corporate performance [J]. Academy of Management Review,1979,4(4):497-505.

[134] CARROLL A B. The pyramid of corporate social responsibility: toward the moral management of organizational stakeholders [J]. Business Horizons,1991,34(4): 39-48.

[135] CARTER M,WRIGHT R,Thatcher J B,et al. Understanding online customers' ties to merchants: the moderating influence of trust on the relationship between switching costs and E-Loyalty [J]. European Journal of Information Systems, 2014,23(2):185-204.

[136] CHOI B,LA S. The impact of corporate social responsibility (CSR) and customer trust on the restoration of loyalty after service failure and recovery [J]. Solid State Communications,2013,7(3):223-233.

[137] CHU P Y,LEE G Y,CHAO Y. Service quality,customer satisfaction,customer trust,and loyalty in an E-banking context [J]. Social Behavior & Personality an International Journal,2012,40(8):1271-1283.

[138] CHU W,CHOI B,SONG M R. The role of on-line retailer brand and infome diary reputation in increasing consumer purchase intention [J]. International Journal of Electronic Commerce,2005,9(3):115-127.

[139] CORRITORE C L, KRACHER B, WIEDENBECK S. Online trust: concepts, evolving themes,a model [J]. International Journal of Human-Computer Studies, 2003,58(6):737-758.

[140] CROWE E,HIGGINS E T. Regulatory focus and strategic inclinations: promotion and prevention in decision-making [J]. Organizational Behavior & Human Decision Processes,1997,69(2):117-132.

［141］ DAM L, SCHOLTENS B. Does ownership type matter for corporate social responsibility ［J］. Corporate Governance an International Review,2012,20(3): 233-252.

［142］ DAVIS K. Can business afford to ignore social responsibilities［J］. California Management Review,1960,2(3):70-76.

［143］ DAVIS K. The case for and against business assumption of social responsibilities ［J］. Academy of Management Journal,1973,16(2):312-322.

［144］ DAVIS K. Understanding the social responsibilitypuzzle ［J］. Business Horizons, 1968,10(4):45-50.

［145］ DEMACARTY P. Financial returns of corporate social responsibility, and the moral freedom and responsibility of business leaders ［J］. Business & Society Review,2009,114(3):393-433.

［146］ DOSS B D, UPDEGRAFF J A, GEORGIA E J, et al. Application of regulatory focus theory to search advertising ［J］. Journal of Consumer Marketing,2014,31 (6-7):494.

［147］ DU S, BHATTACHARYA C B, SEN S. Maximizing business returns to corporate social responsibility (CSR): the role of csr communication ［J］. International Journal of Management Reviews,2010,12(1):8-19.

［148］ ELBELTAGI I, AGAG G. E-retailing ethics and its impact on customer satisfaction and repurchase intention: a cultural and commitment-trust theory perspective ［J］. Internet Research,2016,26(1):288-310.

［149］ ELINA R G, AGNESA L, Počs R. Comparison of E-Trust and trust concepts in online and offline dimensions ［J］. Economics & Business,2017,30(1):126-133.

［150］ ELKINGTON J. Accounting for the Triple Bottom Line ［J］. Measuring Business Excellence,1998,2(3):18-22.

［151］ ELLEN P S, Webb D J, MOHR L A. Building corporate associations: consumer attributions for corporate socially responsible programs [J]. Journal of the Academy of Marketing Science,2006,34(2):147-157.

[152] ELVING W J L,Golob U,PODNAR K,et al. The bad,the ugly and the good: new challenges for CSR communication [J]. Corporate Communications an International Journal,2015,20(2):118-127.

[153] FATMA M,RAHMAN Z,KHAN I. Building company reputation and brand equity through CSR: the mediating role of trust [J]. International Journal of Bank Marketing,2015,33(6):840-856.

[154] FOGEL J,NEHMAD E. Internet social network communities: risk taking,trust, and privacy concerns [J]. Computers in Human Behavior,2009,25(1):153-160.

[155] FREDERICK W C. From CSR1 to CSR2: the maturing of business and society thought [J]. Business & Society,1994,33(2):150-164.

[156] FREEMAN R E, EVAN W M. Corporate governance: a stakeholder interpretation [J]. Journal of Behavioral Economics,1990,19(4):337-359.

[157] GEERS A L,WEILAND P E,KOSBAB K,et al. Goal activation,expectations, and the placebo effect [J]. Journal of Personality & Social Psychology,2005,89 (2):143-59.

[158] GEFEN D. Customer loyalty in E-Commerce [J]. Journal of the Association for Information Systems,2002,3(1):27-51.

[159] GEOFF M. Corporate social and financial performance: an investigation in the U. K. supermarket industry [J]. Journal of Business Ethics,2001,34:299-315.

[160] GILBERT M. Rationality and salience [J]. Philosophical Studies an International Journal for Philosophy in the Analytic Tradition,1989,57(1):61-77.

[161] GRAY R,KOUHY R,LAVERS S. Corporate social and environmental reporting: a review of the literature and a longitudinal study of UK disclosure [J]. Accounting,1995,8(2):47-77.

[162] GRIFFIN J J, MAHON J F. The corporate social performance and corporate financial performance debate: twenty-five years of incomparable research [J]. Social Science Electronic Publishing, 1997, 36(1): 5-31.

[163] HALEY E. Exploring the construct of organization as source: consumers' understandings of organizational sponsorship of advocacy advertising [J]. Journal of Advertising, 1996, 25(2): 19-35.

[164] HAN S L, CHILDS S S H. Corporate social responsibility in B2B relationships: examining the effects of multifaceted supplier CSR on business customers trust [J]. Journal of Global Scholars of Marketing Science, 2016, 26(1): 19-35.

[165] HANDELMAN J M, ARNOLD S J. The role of marketing actions with a social dimension: appeals to the institutional environment [J]. Journal of Marketing, 1999, 63(3): 33-48.

[166] HARRISON J S, WICKS A C. Stakeholder theory, value, and firm performance [J]. Business Ethics Quarterly, 2013, 23(1): 97-124.

[167] HERZENSTEIN M, POSAVAC S S, BRAKUS J J. Adoption of new and really new products: the effects of self-regulation systems and risk salience [J]. Journal of Marketing Research, 2007, 44(2): 251-260.

[168] HIGGINS E T. Promotion and prevention: regulatory focus as a motivational principle [J]. Advances in Experimental Social Psychology, 1998, 30(2): 1-46.

[169] HILLER J S. The Benefit Corporation and corporate social responsibility [J]. Journal of Business Ethics, 2013, 118(2): 287-301.

[170] INGRAM R W, FRAZIER K B. Narrative disclosures in annual reports [J]. Journal of Business Research, 1983, 11(1): 49-60.

[171] JONES T M. Corporate social responsibilityrevisited, redefined [J]. California Management Review, 1980, 22(3): 59-67.

[172] KELLER K L. Conceptualizing, measuring, and managing customer-based brand

equity [J]. Journal of Marketing,1993,57(1):1-22.

[173] KESAVAN R,BERNACCHI M D,MASCARENHAS O A J. Word of Mouse:
CSR communication and the social media [J]. International Management Review,
2013 (9):59-67

[174] KIM D J,FERRIN D L,RAO H R. A trust-based consumer decision-making
model in electronic commerce: the role of trust, perceived risk, and their
antecedents [J]. Decision Support Systems,2008,44(2):544-564.

[175] KIM J,Jin B,SWINNEY J L. The role of quality,e-satisfaction and e-trust in
online loyalty development process [J]. Journal of Retailing & Consumer
Services,2009,16(4):239-247.

[176] KIRMANI A,ZHU R. Vigilant against manipulation: the effect of regulatory
focus on the use of persuasion knowledge [J]. Journal of Marketing Research,
2007,44(4):688-701.

[177] LEE G,LIN H. Customer perceptions of e-service quality in online shopping [J].
International Journal of Retail & Distribution Management, 2005, 33 (2):
161-176.

[178] LEE M D P. A review of the theories of corporate social responsibility: its
evolutionary path and the road ahead [J]. International Journal of Management
Reviews,2008,10(1):53-73.

[179] LEE M K O,TURBAN E. A trust model for consumer internet shopping [J].
International Journal of Electronic Commerce,2001,6(1):75-91.

[180] LIM J S,GREENWOOD C A. Communicating corporate social responsibility
(CSR): stakeholder responsiveness and engagement strategy to achieve CSR
goals [J]. Public Relations Review,2017,43(4):768-776.

[181] LUARN P, LIN H H. A customer loyalty model for E-Service context [J].
Journal of Economic Commerce Research,2003,4:156-167.

[182] MAYER R C, DAVIS J H, SCHOORMAN F D. An integrative model of organizational trust [J]. Academy Of Management Review,1995,20(3):709-734.

[183] MCGUIRE J. B., SUNDGREN A., SCHNEEWEIS T. corporate social responsibility and firm financial performance [J]. Academy Of Management Journal,1988,31(4):854-872.

[184] MCKNIGHT D H, CHOUDHURY V, KACMAR C. The impact of initial consumer trust on intentions to transact with a web site: a trust building model [J]. Journal of Strategic Information Systems,2002,11(3-4):297-323.

[185] MCWILLIAMS A D,SIEGEL D. Corporate social responsibility: a theory of the firm perspective [J]. Academy of Management Review,2001,26(1):117-127.

[186] MENON S,KAHN B E. Corporate sponsorships of philanthropic activities: when do they impact perception of sponsor brand [J]. Journal of Consumer Psychology,2003,13(3):316-327.

[187] MILLER K E,STURDIVANT F D. Consumer responses to socially questionable corporate behavior: an empirical test [J]. Journal of Consumer Research,1977,4 (1):1-7.

[188] MIYAZAKI A D,FERNANDEZ A. Consumer perceptions of privacy and security risks for online shopping [J]. Journal of Consumer Affairs,2001,35(1):27-44.

[189] MIZERSKI R W,GOLDEN L L,KERNAN J B. The attribution process in consumer decision making [J]. Journal of Consumer Research,1979,6(2):123-140.

[190] MOHR L A,WEBB D J,HARRIS K E. Do consumers expect companies to be socially responsible? The impact of corporate social responsibility on buying behavior [J]. Journal of Consumer Affairs,2001,35(1):45-72.

[191] MOHR L A,WEBB D J. The effects of corporate social responsibility and price on consumer responses [J]. Journal of Consumer Affairs,2005,39(1):121-147.

[192] MOORE G. Corporate social and financial performance: an investigation in the

U. K. supermarket industry [J]. Journal of Business Ethics, 2001, 34(3-4): 299-315.

[193] MOORMAN C, ZALTMAN G, DESHPANDE R. Relationships between providers and users of market research: the dynamics of trust within and between organizations [J]. Journal of Marketing Research, 1992, 29(3): 314-329.

[194] MORAVCIKOVA K, L' UBICA S, RYPAKOVA M. CSR reporting as an important tool of csr communication [J]. Procedia Economics & Finance, 2015, 26: 332-338.

[195] MORSING M, SCHULTZ M. Corporate social responsibility communication: stakeholder information, response and involvement strategies [J]. Business Ethicsa European Review, 2006, 15(4): 323-338.

[196] MURRAY K B, VOGEL C M. Using a hierarchy-of-effects approach to gauge the effectiveness of corporate social responsibility to generate goodwill toward the firm: financial versus nonfinancial impacts[J]. Journal of Business Research, 1997, 38(2): 141-159.

[197] ÖBERSEDER M, SCHLEGELMILCH B B, GRUBER V. "Why don't consumers care about CSR" a qualitative study exploring the role of CSR in consumption decisions [J]. Journal of Business Ethics, 2011, 104(4): 449-460.

[198] OLIVER R L, LINDA G. Effect of satisfaction and its antecedents on consumer preference and intention [J]. Advancesin Consumer Research, 1981 (8): 88-93.

[199] OLIVER R L. Whence consumer loyalty? [J]. Journal of Marketing, 1999, 34(63): 33-44.

[200] PATTEN D M. Exposure, legitimacy, and social disclosure [J]. Journal of Accounting & Public Policy, 1991, 10(4): 297-308.

[201] PERKS K J, FARACHE F, SHUKLA P, et al. Communicating responsibility practicing irresponsibility in CSR advertisements [J]. Journal of Business

Research,2013,66(10):1881-1888.

[202] PIRSCH J,GUPTA S,GRAU S L. A framework for understanding corporate social responsibility programs as a continuum: an exploratory study [J]. Journal of Business Ethics,2007,70(2):125-140.

[203] POLLACH I,JOHANSEN T S,NIELSEN A E,et al. The integration of CSR into corporate communication in large European companies [J]. Journal of Communication Management,2013,16(2):204-216.

[204] POMERING A,DOLNICAR S. Assessing the prerequisite of successful CSR implementation: are consumers aware of CSR initiatives? [J]. Journal of Business Ethics,2009,85(2):285-301.

[205] RAHIMNIA F,HASSANZADEH J F. The impact of website content dimension and E-Truston E-Marketing effectiveness: the case of Iranian commercial saffron corporations [J]. Information & Management,2013,50(5):240-247.

[206] SEN S,BHATTACHARYA C B,KORSCHUN D. The role of corporate social responsibility in strengthening multiple stakeholder relationships: A field experiment [J]. Journal of the Academy of Marketing Science,2006,34(2): 158-166.

[207] SEN S,BHATTACHARYA C B. Does doing good always lead to doing better Consumer reactions to corporate social responsibility [J]. Journal of Marketing Research,2001,38(2): 225-243.

[208] SENGUPTA J,ZHOU R. Understanding impulsive eaters' choice behaviors: the motivational influences of regulatory focus [J]. Journal of Marketing Research, 2007,44(2):297-308.

[209] SERGIO R The ethics of online retailing: a scale development and validation from the consumers' perspective [J]. Journal of Business Ethics, 2007, 72(2) : 131-148.

[210] SHRUTI G,PIRSCH J. The company-cause-customer fit decision in cause-related marketing [J]. Journal of Consumer Marketing,2006,23(6):314-326.

[211] SIMMONS C J,BECKEROLSEN K L. Achieving marketing objectives through social sponsorships [J]. Journal of Marketing,2006,70(4):154-169.

[212] SMITH J,TAYLOR A,JONES A. Rules of the Game: Principles of Climate Change Communications [J]. International Journal of Palliative Nursing,2003,9 (2).

[213] SMITH V,LANGFORD P. Evaluating the impact of corporate social responsibility programs on consumers [J]. Journal of Management & Organization,2009,15(1):97-109.

[214] STEENKAMP J B E M. Conceptual models of the quality process [J]. Journal of Business Research,1990,21(4):309-333.

[215] STEINER G A. Top management planning [J]. Academy of Management Journal, 1969,12(1):131-131.

[216] SWANSON D L. Addressing a theoretical problem by reorienting the corporate social performance model [J]. Academy of Management Review,1995,20(1):43-64.

[217] TANG L,LI H. Corporate social responsibility communication of Chinese and global corporations in china [J]. Public Relations Review,2009,35(3):199-212.

[218] TURKER D. Measuring corporate social responsibility: a scale development study [J]. Journal Of Business Ethics,2009 (4) :411-427.

[219] URSA GOLOB,NATASA V,ANNE E. N,et al. The communicative stance of CSR: reflections on the value of CSR communication [J]. Corporate Communications: an International Journal,2017,22(2):166-177.

[220] VARADARAJAN P R,MENON A. Cause-related marketing: a coalignment of marketing strategy and corporate philanthropy [J]. Journal of Marketing,1988, 52(3):58-74.

[221] WAGNER T, LUTZ R J, WEITZ B A. Corporate hypocrisy: overcoming the threat of inconsistent corporate social responsibility perceptions [J]. Journal of Marketing,2009,73(6):77-91.

[222] WALTON C C. Social responsibility——a new role for the corporation [J]. Academy of Management Proceedings,1964(11):29.

[223] WANG C,YU W. Study on corporate social responsibility (CSR)affect on brand trust and purchase intention after brand scandal [J]. Lecture Notes in Electrical Engineering,2014,241(1):283-290.

[224] WEBER M. The business case for corporate social responsibility: a company-level measurement approach for CSR [J]. European Management Journal, 2008, 26 (4):247-261.

[225] WOOD D J. Corporate social performance revisited [J]. Academy of Management Review,1991,16(4):691-718.

[226] ZEITHAML V A, BERRY L L, PARASURAMAN A. The behavioral consequences of service quality [J]. Journal of Marketing,1996,60(2):31-46.

[227] AGAG G,ELBELTAGI I. E-retailing ethics in Egypt and its effect on customer repurchase intention[C]// IFIP International Conference on Human Choice and Computers. Springer Berlin Heidelberg,2014.

[228] CECH P,DOHNALOVA M. How corporate social responsibility can contribute to growth strategy[C]// De Gruyter Open,2015.

[229] GU H, MORRISON P. An examination of the formation of consumer CSR association: when corporate social responsible initiatives are effective[C]// 2009.

附录一:调查问卷

基于消费者的在线零售商企业社会责任维度

尊敬的女士/先生:首先非常感谢您百忙之中抽出时间参与这次问卷调查,填写问卷大约需要 3 分钟的时间。本次调查采用匿名方式,调查结果仅作学术研究之用,答案没有对错之分,请您放心填写。祝您生活愉快!

1.请问您平均每月在网上购物的次数:

○从不网购(结束作答) ○1~2 次 ○3~4 次

○4~6 次 ○7~8 次 ○8 次以上

2.当您在网上购物时,是否会关心该在线零售商的下列信息?请根据您对这些信息的关注程度进行评分。从 1 分到 7 分代表了"非常不关注"到"非常关注"。

题 项	1	2	3	4	5	6	7
A1. 在线零售商是否有长期的经营计划,实力强大							
A2. 在线零售商是否向公众包括股东隐瞒经营状况							
A3. 在线零售商是否创新网站经营,发展新业务,提高企业地位							
A4. 在线零售商会计与审计是否合法合规							
B1. 在线零售商是否及时向员工支付合理薪酬							

题　项	1	2	3	4	5	6	7
B2. 在线零售商是否为员工提供相应的保险与优厚的福利							
B3. 在线零售商是否公平对待员工,保障员工的职业健康							
B4. 在线零售商是否为员工提供良好的工作环境							
C1. 在线零售商是否有夸大宣传、虚假广告							
C2. 在线客服是否能迅速响应顾客购买需求							
C3. 在线零售商是否能很好地处理顾客抱怨和退货要求							
C4. 在线零售商是否提供安全的支付服务							
D1. 在线零售商是否对商业合作伙伴诚实守信							
E1. 在线零售商是否减少不必要包装,使用环保包装材料							
E2. 在线零售商是否循环使用配送包装							
E3. 在线零售商是否向公众宣传环保意识,树立和谐自然的观念							
E4. 在线零售商是否一毛不拔,拒绝捐赠,不回报社会							
E5. 在线零售商是否支持社会文化、教育、体育、卫生健康等事业							
E6. 在线零售商是否为社会弱势群体提供教育、住房、经济等帮助							
G1. 在线零售商是否遵守互联网经营的法律法规							
G2. 在线零售商是否非法泄露用户的隐私信息							
G3. 在线零售商是否偷税漏税							

3.您的性别：

○男　　　　　○女

4.您的年龄段：

○18 岁以下　　○18～25 岁　　○26～30 岁

○31～40 岁　　○41～50 岁　　○51～60 岁

○60 岁以上

5.您的学历：

○高中、中专及以下　　○专科及本科　　○硕士及以上

6.您的家庭平均月收入为：

○5 000 元以下　　　　○5 000～10 000 元　　○10 000～15 000 元

○15 000～20 000 元　○20 000～30 000 元　　○30 000～40 000 元

○50 000 元以上

附录二：情境实验材料

在线零售商企业社会责任内容

材料 A：制度型 * 高匹配度

公司背景：

东宝公司成立于 1999 年，目前是我国在线零售行业的前三企业之一。东宝公司是综合线上购物商城，在其平台销售的品牌超数万，商品种类超过 5 000 万种，经营范围涵盖 3C、母婴、服装、图书等十四大品类。

作为一家在线零售企业，东宝公司从成立之初就将对投资人、顾客、员工、供应商以及社区等利益相关者的责任写入了公司章程。从公司成立至今几十年的时间，公司实施多项 CSR 计划。比如，顾客责任方面，公司一直致力于打造安心的网络消费环境，有"严格的采购制度与商家准入制度""全流程监控，全节点追责""闪电赔付，售后到家"等。自 2012 年该公司通过与国务院扶贫办签约起，该公司充分利用自身的电商优势，开展针对性的扶贫政策。经过几年的时间，有 60 多个贫困县在公司的销售平台建立了"特色馆"，月均销售额近 3 000 万元，先后推动了苍溪猕猴桃和百色杧果等二十几个贫困县、两百个农产品从零散种植到规模化种植，借助自身的营销实力，帮助这些农产品真正实现品牌化发展，帮助近两万户农民实现年增收 3 000 元。

材料 B:制度型 * 低匹配度

公司背景:

东宝公司成立于 1999 年,目前是我国在线零售行业的前三企业之一。东宝公司是综合线上购物商城,在其平台销售的品牌数万个,商品种类超过 5 000 万种,经营范围涵盖 3C、母婴、服装、图书等十四大品类。

作为一家在线零售企业,东宝公司从成立之初就将对投资人、顾客、员工、供应商以及社区等利益相关者的责任写入了公司章程。从公司成立至今几十年的时间,公司实施多项 CSR 计划,包括保障消费者网络消费的各种权益,提高员工薪酬福利、公平对待供应商以及相关慈善活动。如 2019 年,东宝公司联合中华粉红丝带公益网、中国天津乳腺癌防治中心,共同成立"东宝粉红丝带关爱基金"。截至目前,该公司已持续为该基金会捐赠近 5 000 万元,全部用于中国的乳腺癌防治宣传与研究工作。

材料 C:促销型 * 高匹配度

公司背景:

东宝公司成立于 1999 年,目前是我国在线零售行业的前三企业之一。东宝公司是综合线上购物商城,在其平台销售的品牌数万个,商品种类超过 5 000 万种,经营范围涵盖 3C、母婴、服装、图书等十四大品类。

作为一家网络零售公司,东宝公司在 2019 年 10 月的店庆月发起为期一个月的公益扶贫的活动。利用其网络销售的平台优势,该公司与国家级贫困县苍溪的猕猴桃种植户签订采购合同,给予电商流量和资源支持,帮助农户把种植的农副商品以最快的速度卖给城市消费者。公司同时承诺将活动期间一半的猕猴桃销售利润捐赠给该贫困县的扶贫基金,用于后续的产业扶贫。

材料 D:促销型 * 低匹配度

公司背景：

东宝公司成立于 1999 年,目前是我国在线零售行业的前三企业之一。东宝公司是综合线上购物商城,在其平台销售的品牌超数万,商品种类超过 5 000 万种,经营范围涵盖 3C、母婴、服装、图书等十四大品类。

该公司在 2019 年参与了"世界乳腺癌防治月"的公益宣传活动。公司联合中华粉红丝带公益网、中国天津乳腺癌防治中心,共同发起"东宝粉红丝带关爱行动",在公司销售平台中专门设立了粉红丝带关爱行动促销页面,公司承诺相关促销产品销售额的 1%将捐赠给粉红丝带关爱基金会,用于乳腺癌的防治宣传与研究工作。

在线零售商企业社会责任沟通

材料 a:效益 * 可控

公司背景：

东宝公司成立于 1999 年,目前是我国在线零售行业的前三企业之一。东宝公司是综合线上购物商城,在其平台销售的品牌超数万,商品种类超过 5 000 万种,经营范围涵盖 3C、母婴、服装、图书等十四大品类。

以下材料来自东宝公司网站主页：

2019 年,我们与国务院扶贫办签订精准扶贫框架协议。我们将充分利用自身电商流量和用户的优势,从地区产业扶贫、地区定向用工扶贫、区域特色创业扶贫和小额贷款金融扶贫等多方面展开扶贫工作。我们承诺将把重心放在"农产品上网"上,给予电商流量和经营资源支持,帮助农户把优质农副商品以最快的速度销售出去。通过这些计划,我们希望使得对口 100 个全国贫困县数百个农产品实现规模化、品牌化的转变,带动当地农户摆脱贫困。

材料 b:效益 * 不可控

公司背景：

东宝公司成立于 1999 年,目前是我国在线零售行业的前三企业之一。东宝公司是综合线上购物商城,在其平台销售的品牌超数万,商品种类超过 5 000 万种,经营范围涵盖 3C、母婴、服装、图书等十四大品类。

以下材料来自新闻联播报道：

据记者调查,2019 年东宝公司与国务院扶贫办签订了精准扶贫框架协议。东宝公司利用自身电商流量和用户的优势,开展针对性的扶贫政策。通过这些计划,东宝公司希望对口 100 个全国贫困县的数百个农产品向规模化、品质化和品牌化方向发展,着力打造 100 个农产品标杆品牌,让贫困地区的农产品卖出规模、卖上高价,带动当地农户摆脱贫困。

材料 c:安全 * 可控

公司背景：

东宝公司成立于 1999 年,目前是我国在线零售行业的前三企业之一。东宝公司是综合线上购物商城,在其平台销售的品牌超数万,商品种类超过 5 000 万种,经营范围涵盖 3C、母婴、服装、图书等十四大品类。

以下材料来自东宝公司网站主页：

2019 年,我们与国务院扶贫办签订了扶贫框架协议,充分利用自身电商流量和用户的优势开展相关扶贫工作。我们在当年建立了有专人负责的农户种植培训、小额贷款金融服务、前三年免费农资、物流运输支持、平台专业销售、品牌化管理等多个环节的帮扶体系,实行严格的保障计划,定期进行扶贫农户的跟踪回访,保证该扶贫计划的工作落到实处。我们也特别关注在扶贫过程中尽量避免因扶贫计划扩大作物种植等给当地生态带来不必要的伤害。

材料 d:安全 * 不可控

公司背景：

东宝公司成立于 1999 年,目前是我国在线零售行业的前三企业之一。东宝公司是综合线上购物商城,在其平台销售的品牌超数万,商品种类超过 5 000 万种,经营范围涵盖 3C、母婴、服装、图书等十四大品类。

以下材料来自新闻联播报道：

据记者调查,2019 年东宝公司与国务院扶贫办签订了扶贫框架协议,充分利用其自身电商流量和用户的优势开展相关扶贫工作。东宝公司在当年就建立了由专人负责的农户种植培训、小额贷款金融服务、前三年免费农资、物流运输支持、平台专业销售、品牌化管理等多个环节的帮扶体系,实行严格的保障计划,定期进行扶贫农户的跟踪回访,保证该扶贫计划的工作落到实处。令人欣喜的是,东宝公司特别关注在扶贫过程中尽量避免因扶贫计划扩大作物种植等给当地生态带来不必要的伤害。

附录三:情境实验问卷

1.在线零售商企业社会责任内容操控量表

(1)关于该公司的企业社会责任活动,下列说法您是否同意?(1分代表非常不同意,7分代表非常同意。)

题　项	1	2	3	4	5	6	7
该公司实施的活动是长期持续的活动							
该公司实施的活动考虑了股东、顾客、员工、供应商、社会等多方面利益							

(2)您如何看待该公司实施的企业社会责任与公司的业务和形象的匹配度?请按1~7分评分。

题　项	1	2	3	4	5	6	7
一致性:1分不一致——7分一致							
适合性:1分不适合——7分适合							
兼容性:1分不兼容——7分兼容							
相似性:1分不相似——7分相似							

2. 在线零售商社会责任沟通操控量表

(1)根据上述材料,关于该公司企业社会责任活动,下列说法您是否同意?(1 分代表非常不同意,7 分代表非常同意。)

题　项	1	2	3	4	5	6	7
该公司的企业社会责任活动具有时间上的持续性							
该公司的企业社会责任活动产生的社会效益很大							
该公司的企业社会责任活动产生的经济效益都很大							
该公司有规范的制度来管理监督企业社会责任活动,避免发生偏差							
该公司的企业社会责任活动是无害的,不会产生危害性							
该公司的企业社会责任活动的执行过程是让人安心的							

(2)您如何看待该公司企业社会责任活动信息发布的渠道?(1 分代表非常不同意,7 分代表非常同意。)

题　项	1	2	3	4	5	6	7
该公司企业社会责任活动信息的渠道是中立的							
发布活动的信息结构客观反映了事实							

3. 在线零售商企业社会责任沟通操控量表

(1)关于东宝公司的下列说法,您是否同意?(1 分代表非常不同意,7 分代表非常同意。)

题　项	1	2	3	4	5	6	7
东宝公司是一家我可以信赖的购物网站							
东宝公司是一家关心客户的公司							
东宝公司拥有强大的价值体系							

(2)当该网站的商品与其他零售商差异不大时,您是否同意下列说法?(1分代表非常不同意,7分代表非常同意。)

题　项	1	2	3	4	5	6	7
我在东宝公司购买产品的可能性极大							
需要网上购物时,我会优先考虑在东宝购买							
你愿意将该网站推荐给朋友和家人							

4. 消费者个人信息量表

(1)您的性别:

○男　　　　　○女

(2)您的家庭月收入为:

○5 000 元及以下　　　○5 000～10 000 元　　　○10 000～15 000 元

○15 000～20 000 元　　○20 000 元以上

5. 消费者的调节定向量表

(1)下面的题目是对您生活中具体事件的描述,请根据它们在您身上发生的频率进行选择。

题　项	从不	很少	有时	经常	总是
和大多数人相比,你通常无法从生活中得到自己想要的东西吗					
在你成长的过程中,你经常做出一些让你父母无法忍受的事情吗					
你曾经完成一些事情,这些事情的成功让你更加努力吗					

续上表

题 项	从不	很少	有时	经常	总是
在你成长的过程中，你经常会让父母很烦心吗					
在你成长的过程中，你经常会做一些你父母认为不对的事情吗					
当我追求一些我认为重要的事情时，我发现我做得并不像我想象的那样好					
对于你想做的各种事情，你经常做得很好吗					
你经常遵守父母定下的规矩吗					

（2）下面的题目是对您生活中具体事件的描述，请根据它们在您身上发生的实际进行选择。

题 项	完全错误	错误	不确定	正确	完全正确
我感觉我已经朝着成功迈进了					
在生活中，我几乎没有能让自己感兴趣或让自己全身心投入的爱好或活动